# 现代社区体育发展研究

XIANDAI SHEQU TIYU FAZHAN YANJIU

马宏剑 著

图书在版编目(CIP)数据

现代社区体育发展研究 / 马宏剑著. ——郑州：河南大学出版社，2024.8. — ISBN 978-7-5649-6028-5

Ⅰ.G812.4

中国国家版本馆 CIP 数据核字第 2024CW6371 号

责任编辑：陈　巧
责任校对：李圣杰
封面设计：郭　灿

出版发行：河南大学出版社
　　　　　地　址：郑州市郑东新区商务外环中华大厦 2401 号
　　　　　电　话：0371-86059701（营销部）
　　　　　网　址：hupress.henu.edu.cn　　邮　编：450046
排　　版：河南大学出版社设计排版部
印　　刷：广东虎彩云印刷有限公司
版　　次：2024 年 8 月第 1 版　　印　次：2024 年 8 月第 1 次印刷
开　　本：787 mm×1092 mm　1/16　印　张：11
字　　数：162 千字　　　　　　　　定　价：38.00 元

(本书如有印装质量问题，请与河南大学出版社联系调换。)

# 前　言

社区是社会的基础单元，它不仅是居民日常生活和工作的中心，也是人际互动最为活跃的场所。作为群众体育活动的一部分，社区体育包括居民自发组织的一系列易于参与、广受欢迎的身体锻炼方式。社区体育活动以自主性、公益性、多样性、趣味性和服务性为特点，在丰富居民的文化生活、提升生活品质、增进邻里关系、改善社交互动以及促进社区的整体发展等方面都扮演着关键角色。

随着生活水平的提升，人们对体育锻炼的需求也在不断增长。在工作场所无法完全满足这些需求时，人们开始将注意力转向社区体育。社区体育因其灵活的组织方式、多样化的活动内容、亲切的社区氛围、方便的实践手段和有效的健康效益，吸引了众多社区成员的参与。居民可以依据个人喜好选择篮球、足球、羽毛球等运动项目，或者参加健身操、瑜伽等身体锻炼课程。这些活动不仅有助于强身健体，还能增加社交机会，帮助结交新朋友，加深邻里间的情感联系。另外，社区体育还提供健康咨询与服务，协助居民更好地维护自身健康。综上所述，社区体育在丰富文化生活、提升生活质量和推动社区繁荣等方面发挥着至关重要的作用。

全书共八章：第一章概述；第二章社区体育与社会发展；第三章城市、农村与城镇社区体育；第四章社区体育工作概述；第五章社区体育工作过程与工作内容；第六章社区体育组织与场地设施；第七章社区体育工作者的培养。

# 目 录

第一章 概述 …………………………………………………………… 1
　　第一节　社区概述 ………………………………………………… 1
　　第二节　社区体育概述 …………………………………………… 10

第二章　社区体育与社会发展 ………………………………………… 23
　　第一节　经济转型期的社区体育 ………………………………… 23
　　第二节　社区居民的体育生活方式 ……………………………… 27
　　第三节　文明社区建设中的社区体育 …………………………… 31
　　第四节　社区体育的可持续发展 ………………………………… 34
　　第五节　学区体育——社区体育发展的一种新模式 …………… 41

第三章　城市、农村与城镇社区体育 ………………………………… 48
　　第一节　城市社区体育 …………………………………………… 48
　　第二节　农村社区体育 …………………………………………… 54
　　第三节　城镇社区体育 …………………………………………… 67

第四章　社区体育工作概述 …………………………………………… 78
　　第一节　社区体育工作的对象与功能 …………………………… 78
　　第二节　社区体育工作的目标与原则 …………………………… 85

第五章　社区体育工作过程与工作内容 ……………………………… 93
　　第一节　社区体育工作过程 ……………………………………… 93
　　第二节　社区体育工作内容 ……………………………………… 115

第六章　社区体育组织与场地设施 …………………………………… 144
　　第一节　社区体育组织 …………………………………………… 144
　　第二节　社区体育的场地设施 …………………………………… 150

## 第七章 社区体育工作者的培养 …………………………………… 159
### 第一节 对社区体育指导人员素质的要求 ………………………… 159
### 第二节 高等院校社会体育人才的培养课程 ……………………… 161
### 第三节 我国社会体育指导员技术等级制度 ……………………… 163
### 第四节 社区体育指导员培养的几点思考 ………………………… 165

## 参考文献 ………………………………………………………………… 169

# 第一章 概述

## 第一节 社区概述

### 一、社区的由来与概念

#### (一) 社区的由来

"社区"这一术语源自拉丁文,象征着共享资源和紧密的伙伴联系。德国学者滕尼斯在其1887年出版的著作《社区与社会》中首次阐述了"社区"的概念,他认为"社区"描述的是工业化之前,社会中由持有共同信念的统一群体所构成的紧密联结、相互帮助和充满人情味的社会结构和利益共享集体。20世纪30年代初期,中国社会学家费孝通在翻译此书时,将英文单词"Community"译作"社区",此译名被后续许多学者采纳并流传下来。由于不同社会学家对于社区的理解和认知存在差异,对社区的定义也就众说纷纭。据统计,关于社区的定义多达200余种。目前被人们普遍接受的观点主要分为两大类:一类侧重于精神层面,即强调群体一体性,要求成员间拥有共通的价值观,如"华人社区";另一类侧重于地理特性,即基于共同居住地的人群,如"和平里社区"或"新华路社区"。不管侧重哪方面,"社区"一词始终强调成员间的文化联系和内部的归属感。

在美国早期的社会学研究中,社区研究占据了核心地位。以城市社区研究闻名的芝加哥学派，对美国城市生态和动态的理解做出了显著贡献。在20世纪20至30年代，该学派对美国大都市芝加哥的城市化过程进行了研究，以此来阐释美国城市的结构和发展。芝加哥学派的人文区位学理论便是在分析社区位置的基础上逐步形成的。该学派不仅将整个芝加哥市作为研究对象，也针对市内的犹太人聚集区、波兰移民区、上层社会邻里、贫民窟等具体社区进行了深入探讨。

（二）社区的概念

社区是由特定地理区域内的居民形成的生活集团，它既是社会民意汇聚与映射的"水库"，也是社会基层问题和冲突频发的区域。可以将社区视作社会的"基本单元"，因为人们在建立社交关系时总是与特定的地点相关联。社会学家通常把"在特定区域内集结居住的人群"定义为社区，而这些大小各异的社区共同组成了整个社会架构。

在中国，大多数社区的前身是城镇居民委员会，少数则由纳入城镇范围的村委会更名而成。它们作为政府传递和实施政策、收集社会民意的基础组织而存在。在行政体系中，社区受街道办事处领导。社区本身没有行政级别，其工作人员既不属于行政机关也不属于事业单位编制，主要由每三年选举产生的社区干部构成。因此，社区工作人员的流动性相对较大。社区工作人员的数量取决于所服务的居民人数，大型社区可能服务多达5 000户居民，而小型社区则不到1 500户。通常情况下，一个社区的工作人员数量在8到20人之间，其中只设立1名兼任社区主任和党支部书记的负责人，而不设副主任职位。

## 二、社区的构成要素与基本类型

（一）社区的构成要素

尽管世界各国对社区的解释和分类有所不同，但对社区的主要构成要素已基本达成共识。社区的基本构成要素包括以下几个方面。

1. 地域

在特定的自然和人文背景下，人们彼此互动，形成了个人与个人之间、集体与集体之间的社会联系。地理环境为人类群落的居住提供了根本条件，而社区则构成了日常生活的核心单元。我们每个人都处在一个相对稳定的区域中，这个区域拥有一定规模的人口，居民通常具有共同的地区认同感、某些共识、相互关联的利益以及紧密的互动关系。因此，地区既包含自然界的特征，如地理位置、环境和资源等，也包含人文特征，即由人类社会活动塑造的大环境，包括建筑、文化氛围等社会性因素。在生活的这一基本地域单位内，人际关系和文化活动是交往过程中展现人性精神和社交状态的重要方面。

2. 人口

社会的物质存在和发展离不开人口，它是一切生产活动的核心与基石。所谓社区人口，是指以特定的社会关系为纽带，在一定区域内共同居住和生活的群体。这个群体不仅是构成社区的基本元素，也是评判社区规模的关键指标，还是判断社区层次的一个关键因素。社区的发展受到人口数量、密度和素质等多种因素的影响。人口状况涵盖数量、质量、结构（年龄、性别、种族、宗教信仰、教育水平、职业等）、分布和流动性等方面。人口的素质直接影响着国家的竞争力和新型工业化的发展路径。社区成员之间通过共同的语言、习俗和文化建立联系，这些因素共同塑造了他们的团结感和归属感。

3. 设施

社区是人们参与社会生活的基本场所，社区设施是构成社区的重要因素。每一个社区都有共同的活动场所和活动中心。

（1）医疗卫生设施：社区卫生服务中心（Community Healthcare Center）。随着社会生产力的提高和医学技术的发展，人们对于疾病预防和治疗的理解逐渐加深，医疗保健的焦点也从个人转向了集体，开始探索针对群体的疾病预防和治疗策略。社区卫生服务应运而生，以满足这一需求。社区卫生服务是指在特定社区内，由卫生及相关机构为居民提供的包括预防、治疗、康复和健康促进在内的一系列保健活动。这是一个保健系统，涵盖了提供卫生保健服务的机构（卫生相关部门）和服务接受者（社区居民），两者紧密相连，相互影响。

（2）服务与管理设施：派出所、居委会等。

（3）体育娱乐设施：由于各地的实际情况不同，其设置的标准也不同。例如，兰州规定，每个社区应建有不低于350平方米，集社区党组织、社区居民委员会和社区服务站办公、为民服务、居民活动等多功能于一体的社区综合性服务设施，每个社区统一设有"一厅四室两校一场所"（社区服务大厅、办公室、警务室、图书阅览室、文化活动室、社区党校、社区市民学校和社区居民户外活动场所）。

4. 社区文化

社区文化是在居民长期的共同生活中逐渐形成的，它是区分不同社区、彰显各自特色的关键因素。独特的社区文化构成了社区认同、归属以及社区凝聚力和影响力的重要基石。

5. 社区组织

社区作为一个多功能的地域性生活集体，是一个结构有序、组织严密的社会单位。每个社区都应设立自治机构来独立管理公共事务、协调人际关系和维护共同利益，并确保社区生活的顺畅运行。

（1）社区主组织：包括社区党组织、社区成员大会或成员代表大会、社区委员会、社区协商议事委员会等。

（2）社区专组织：包括社区委员会内设保障服务、治保调解、环保卫生、文化教育、监督协调等工作岗位。

（3）协会：按照成员类型分类，包括老年人协会、青少年协会、妇女协会、残疾人协会、社区志愿者协会、文体爱好者协会、关心下一代协会等。

人口和地理位置是社区存在的核心要素，基于此，生活服务设施、文化传统与生活习惯，以及社会制度和管理组织构成了社区居民之间相互联系的桥梁。

（二）社区的基本类型

社区是人们生活和工作集中进行的地方。在共同居住和工作的过程中，社区成员相互了解，形成了共有的社区意识，这包括对社区的认同感、归属感和参与感。在较小的居住社区中，居民之间还会建立起互相帮助和支持的紧密情感联系。

社区有多种分类方式。按照生产力发展水平，社区可以被分为发达社区和不发达社区；根据其主要承担的社会职能，可以分为居住型社区、商业型社区、工业型社区、政治型社区等；而依据地理环境的不同，又可以将社区分为平原型社区、山区型社区、岛屿型社区等。

1. 按照经济结构、人口密度、社会组织形态等标准进行划分

（1）农村社区。社区既是社会结构的最基本形态，也呈现一种原始状态。在传统的农村社区中，主要基于血缘关系形成的宗族群体是其核心特征。居民主要从事农业活动，生活模式较为简单和单一，步调缓慢，活动范围有限，文化娱乐活动不多，因此居民的社交圈较为狭窄，思想倾向保守。

在这些农村社区里，人口居住分散，密度较低，流动性小，职业结构相对单一，人口特性较为均质。家庭在这里不仅是生产和消费的基本单元，也是休闲的中心。家庭、亲属和邻里之间的初级社会关系和群体扮演着至关重要的角色。社区成员对本土社区有着深厚的归属感，彼此间感情深厚，尊重传统，相互了解透彻。

这些社区的社会组织结构主要是基于亲缘关系和长期的地缘关系而建立的。权力结构和社会组织通常植根于家族体系，有时甚至完全依托家族结构来执行社会功能。

然而，随着社会发展和城市化加速，许多农村社区开始出现工业和商业活动，人们的生产与生活方式发生了显著转变，城乡差异逐步减小，逐渐形成了新型的"城市化"农村社区。

（2）城市社区。城市社区中居住的主要是非农业工作者，他们大多投身于第二和第三产业。这样的社区人口密集，职业分工明确，社会流动性强，且具有高度多样性。在城市社区中，经济活动主要集中在工业、商业和服务业领域，人们的居住地、工作场所以及经济和政治活动都相对

集中。

城市社区的特点是人口密度高、人口结构多样化。此外，城市社区构成了一个组织严密的社会系统，这个系统规模庞大，内部职能分工精细，权力结构复杂。城市社区还展现出多元化和现代化的特点。

较大的城市社区还展现出不同的功能特征，拥有复杂的社会结构，如住宅区、商业区、自然保护区、旅游区、科技园区、港口区等。

一个成熟的社区在政治、经济、文化、教育和服务等方面具备多重功能，能够满足社区居民的广泛需求。

2. 按照空间特征进行划分

(1) 法定社区。也称为行政社区，代表一个国家在基层社会层面的组织或管理结构。这样的社区是国家为了实现行政管理目的而设定的，具有清晰边界并以法律形式确立的管理区域。

(2) 自然社区。自然社区是指人们为了生计自然而然形成的社会地理区域，不是人为规划的，而是以共生共存的方式存在的。这类社区的主要特点包括规模较小、以家庭作为核心组成单元、社区成员的行为主要遵循当地的习俗和传统，因此表现出较强的文化同质性。

(3) 专业社区。专业社区是由从事特定专业活动的人们在特定地理区域内聚集形成的，或者是在社区众多功能中以某一主要功能为特色而形成的具有独特性质的社区。例如，城市中的经济特区、文化社区、工业社区、旅游社区等。

(4) 虚拟社区。虚拟社区是由拥有共同兴趣或需求的网民构成的，它们在网络空间中通过互联网进行互动，形成了一种具有共同文化认同的非实体社区。这些社区提供了新闻传播、社区交流、在线聊天、讨论和投票等功能，让成员能够自由地获取所需服务并与他人进行互动。虚拟社区的特点包括不受地域限制和允许匿名互动等人际交流特征。

尽管社区的分类方法多种多样，但最基本的划分就是乡村社区和城市社区。

## 三、社区的结构与功能

### (一) 社区的结构

社区结构涉及社区内部各组成部分及其相互关系所形成的较为固定的形式或组织方式。社区可以被视为一个由多种要素交互作用构成的有机整体。经济、政治和文化要素是构成社区的关键部分，它们不仅各自拥有独特的结构，而且相互之间也形成了特定的结构模式，进而塑造出不同的社区形态。我们在这里讨论的社区结构，既包含了这些要素的内部组织，也涵盖了它们之间的互动关系。

1. 社区的经济结构

社区的经济构架由生产力布局和生产关系框架组成，它在社区的日常运作中扮演着核心角色，对其他方面的进步起着限制作用。一个合理的经济结构是社区居民共同生活的物质基础。如果经济结构失衡，不仅会给社区居民的生活带来问题，而且还会影响整个社区的发展。社区的经济构架主要是由第一产业、第二产业和第三产业的均衡发展构成的产业结构。作为发展中国家，我国的第三产业相对不够发达，这不仅影响民众的生活质量，也影响了三个产业的协调发展。此外，社区的经济结构还包括企业布局、产品种类、技术应用、职业分布以及所有权形式、交易模式、分配方式、消费习惯；还有社区经济的空间分布、自然资源和人文资源的组成等。其中，产业结构是最根本的。近年来，国家从宏观角度强调调整产业结构的重要性。产业结构的调整必然会引起企业布局、产品种类、职业分布、交易模式、消费习惯等的变化。

2. 社区的人口结构

人口构成是指在特定地点和时间点上，人口总体内部各种不同性质的数量比例关系。根据人口的自然、社会和地理特征，人口构成可分为人口的自然构成、人口的地理构成和人口的社会构成三大类。

人口的自然构成基于人口的生物特性进行分类，主要包括性别构成和年龄构成。社区中合理的年龄构成有利于激发社区的活力,而合理的性别构成有助于维护婚姻家庭的稳定。相反,不正常的年龄和性别构成可能引发各种社会问题。正常的社会人口构成呈金字塔形,即人口金字塔,男女人数大致相等。而老年人社区则呈倒金字塔形,老年人数最多,中青年人数较少。社区的年龄构成不同会导致不同的服务需求,如老年人社区需要增加适合老年人使用的设施,而年轻化的社区则需要增加儿童相关的设施。

社区的性别构成失衡也可能引发婚姻家庭问题。例如,男性较多的工矿社区可能导致单身男性增多,而女性较多的纺织社区可能导致单身女性增多。国际上规定的性别比例为104:100(男:女),超过或低于这个比例都可能引发社会问题。在现代城市社区中,大龄女性增多,而在偏远农村,大龄男性增多,这会对社区生活产生一定影响。

人口的社会构成则是根据人口的社会特征进行分类,包括职业构成、婚姻家庭构成、文化构成、语言构成、阶级构成、民族构成、种族构成等。这种构成是社会化的结果,受到社会生产方式的影响。不同阶级、民族、文化教育、宗教信仰和职业的人具有不同的生育率、死亡率和自然增长率,其平均寿命也存在差异。

人口的地理构成根据居住地区进行分类,包括自然地理构成、行政区域构成和城乡构成。自然地理构成与地理环境和自然资源有关,而行政区域构成和城乡构成与经济发展直接相关。合理的人口地理构成有助于开发和利用自然资源,推动社区经济发展。中国自成立以来多次进行人口流动,目的是调整人口的地理构成。如今,中国正在推动人口城镇化,旨在改变人口的城乡构成。人口的地理构成也会影响出生率、死亡率和平均寿命。

3. 社区的区位结构

社区的地理位置和内部空间分布涉及一个社区在地理上的定位及其内部功能区域的空间安排与设计。这种空间布局是由社区的经济生产活动以及居民的生活需求共同塑造的,并且它们之间存在相互作用:一个合理的空间布局能够促进生产和生活活动的繁荣，而一个不合理的空间布局可能会阻碍社区的发展和进步。例如，服务设施的不足会降低居民的生活品质，缺乏娱乐设施会影响居民的精神和文化生活。因此，在规划社区时需要考虑居民的生产、生活及各种需求，将社区空间合理划分为不同的功能区域。即使是最基本的社区，也应有明确的生产区和居住区；更复杂的社区还可能包括娱乐区、文化区、科技园区、疗养区、生活服务区、商业区和工业区等。通常来说，农村社区的空间布局相对简单，城市社区的空间布局则更为复杂。社区的空间结构可能是自然形成的，也可能是经济活动驱动的结果。然而，有意识地进行社区规划，即制订合理的建设规划，对于促进社区的生产和生活活动是大有裨益的。西方社会学家提出了多种城市空间结构模型，如同心圆模型、扇形模型和多核心模型，这些模型既是对现有城市社区结构的分析成果，也为城市空间规划提供了理论指导。

（二）社区的功能

我国社区主要有以下几种功能。

1. 管理功能

管理职能涉及对社区居民的社会生活进行组织和协调。为了确保社区的顺利运行，建立了不同层级的管理和服务组织。这些组织负责处理社区的日常事务并向居民提供必要的服务。政府各级部门以及基层管理和服务单位都是构成社区管理框架的一部分。

2. 服务功能

服务功能主要涉及为社区内的住户和机构提供各种社会化服务。社区管理与服务机构的核心任务是为居民提供多样化的社区服务项目，包括日常生活服务、文化和体育活动服务、健康医疗服务以及安全和纠纷调解服务。

3. 保障功能

保障功能指救助和保护社区内的弱势群体。

4. 教育功能

教育功能旨在提升社区成员的文明素养和文化涵养。社区是业主的家园，随着社会的发展，社区也在不断变化和发展。建设美好的家园需要大家共同参与，每个人都有机会为实现社区的发展做出贡献和施展自己的才能。

5. 安全稳定功能

安全稳定功能指化解各种社会矛盾，保证居民生命财产安全。社区是基层居民自治的组织，一般归街道办事处直接领导。2015年之前，社区的重点工作为：①计生；②民政；③卫生（对口单位为爱卫办，负责管区内无物业管理的居民区卫生等）；④劳动保障；⑤医保；⑥党建宣传；⑦综治；⑧统计；⑨武装。

## 第二节　社区体育概述

### 一、体育的概念与基本特征

#### （一）体育的概念

虽然"体育"这一词汇在当代通常被译作"physical education""sport"或"sports"，但它实际上并非源于英语，而是借鉴自日语中的"体育"二字。然而，日本对"physical education"的翻译并非一开始就采用"体育"这个术语，而是经过了一个将之译作"身体教育""体教"和"身教"，最终演变为"体育"的本土化过程，这一进程在19世纪70年代得以完成。

古希腊时期，游戏、摔跤和体操等运动形式就已经被纳入教育体系中。到了17至18世纪，西方教育中也开始融入打猎、游泳、登山、赛跑和跳跃等元素。进入19世纪以后，学校教育也开始推广更多超出传统体操范畴的运动项目，并形成了"体育即通过身体运动进行的教育"的新理念。因此，在相当长的时间里，"体操"与"体育"这两个术语并存并相互交替使用，造成了一定的混淆，直至20世纪初，全球范围内才逐渐统一采用"体育"这一称呼。

(二) 体育的基本特征

1. 体育的自然属性

(1) 活动性。体育运动包括身体锻炼、学习和竞技等多种身体活动。体育锻炼能有效提升人体内部器官的功能，显著改善人体中枢神经系统，增强体力和免疫力。

(2) 竞技性。竞争根植于人的本能，它贯穿于人类的一切行为之中，并成为我们生存技巧的一部分。在体育领域，竞争采取的是一种以身体能力为资本、通过对抗来展开，并以取胜为最终目标的活动方式。而竞技性仅仅是竞争呈现的一种方式，人们在竞争的过程中塑造了无畏的态度、坚定的意志、不屈不挠的斗争精神以及勇往直前的姿态。

体育中的竞争不单是与他人的较量，更是一场不断实现自我超越的旅程，通过最大限度地发挥自身的运动潜能去克服自然界对人的约束和限制。在这一过程中，人们挑战并超越了包括自我在内的自然界限，从而拓展了人体运动的边界，并将个体的运动能力提升至新的高度。

(3) 娱乐性。体育活动是人类进步过程中所创造的一种休闲方式。随着现代生活节奏的加快，日常生活变得单调而充满压力，人们的工作和生活越来越模式化。人们希望在丰富多样的体育娱乐和休闲活动中寻找一种与工作时完全不同的氛围，放松心情、缓解疲劳、陶冶情操，暂时忘却日常生活中的自我，即在活动中自然而然地放松精神，从而获得精神上的休息。

当一项普通的运动或活动演变成一项真正的娱乐活动时，我们会发现其活动方式和规则都会发生一定程度的变化，体育规则趋于降低难度和运动强度，更具随意性和广泛的适应性。参与体育运动能够带来愉悦感，使得观赏者也能享受其中的释放。体育运动为人们提供了一个广泛的舞台，让情感得以宣泄，不良思绪得以排解。

2. 体育的社会属性

（1）文化性。柏拉图指出，身体和心灵相互作用，而道德的堕落则源自不适当的教育和身体不健康。体育不仅有助于提升身体健康水平、塑造理想的体态和激发活力，还能培养出勇敢和坚忍的意志。

体育文化以其独特的方式为社会提供服务，影响人们的生活观念，成为最富影响力的文化形式之一。体育文化不仅涉及全民健康，还牵涉竞技体育。体育不仅仅是人类的生存方式，更是文化生活中不可或缺的组成部分，是文明社会的象征，是个体人格特质的充分表现。作为社会生产力的重要组成部分，体育运动用以提升身体能力和素质在未来可能出现肢体弱化的情境下显得尤为重要，因为这是人们所有能力的基石。

体育是人类在漫长的生活和生产历程中塑造的独特文化和生活方式，通过身体运动来表达社会文化现象。体育的价值体现了人类需求和社会活动。作为一种被全人类共同认可、拥有并广泛喜爱的文化现象，体育在所有文化成果中最直接地展示了人类的本质，承载着人类永恒的追求和理想。体育所呈现的力量和美感包括荣誉与崇高、和平与发展、沟通与理解等元素，通过"身体"这一媒介传达和实现。体育的人文价值是在满足人类自身发展需求的过程中由体育属性和功能形成的一种抽象关系，通常代表着积极因素，潜在地引导着个体发展方向和价值观的形成。当代体育与社会经济、政治、日常生活联系更为紧密，改变和影响了社会生活的多个方面。人类社会对体育的需求无法割裂，因为它已经深深融入了我们的生活。

（2）教育性。教育在促使个体社交化方面占据重要地位。从竞技的角度来看，体育赛事实质上是一场对抗、一次智力较量。显然，为了有效进行这种竞技活动，必须运用博弈论的框架，考虑比赛中的胜利与失败、偶然性与必然性等因素。体育运动包含丰富多彩的内容，角色变化多端。它在促进心理健康、拓宽人际交往领域、改善人际关系、互助合作、团结友爱、培养独立精神、树立积极人生态度等方面发挥着积极作用,能够提高个体的社会适应能力,加速社会化过程。

## 二、社区体育的概念与要素

### (一) 社区体育的概念

社区体育是社会体育的一个关键组成部分,它由社区居民自发组织,包括各种简单易行、广受欢迎的身体锻炼活动。这种体育形式具备多种特征,如自主性、公益性、多样性、有趣性和服务性。在丰富社区居民的文化生活、提升生活质量、增进邻里间的感情、改善人际关系以及推动社区的繁荣和发展方面,社区体育发挥着至关重要的作用。

### (二) 社区体育的要素

社区体育具有六大要素:社区体育组织、社区成员、场地设施和经费、管理员、指导者、社区体育活动。

1. 社区体育组织

社区体育组织是指在社区内有目的、有计划地建立起来的,以满足一定体育需求的各类体育团体和机构。它是社会体育组织在社区中的具体表现形式,同时也是保障社区体育正常运行的关键组成部分。

2. 社区成员

社区居民根据个人需求,在体育指导者的组织和指导下积极参与体育活动,通过学习和掌握体育锻炼的知识和技能,满足身心发展的需求,从而成为社区体育的关键组成部分。

社区成员来自不同的单位,他们对于参与社区体育活动的兴趣和意向具有一定的分散性。这意味着社区体育活动的吸引力和参与度是由多个单位成员的个体需求和兴趣共同构成的。

3. 场地设施和经费

城市社区体育健身娱乐服务的基础是场地设施,而我国当前处于经济转型期，社区体育正迎来蓬勃发展的阶段，其中首要问题是如何解决场地设施的需求。

4. 管理员

管理员的职责是为了有效实现社区体育的目标，对社区体育所需的人、财、物、信息等资源进行合理调配和组织协调。由于健身设施的增加、健身队伍的扩大以及健身活动的增加，需要一支具备各种专业知识和技能的管理员队伍。这支队伍负责对各类体育设施和场馆进行全面管理，包括场馆的安全、消防和卫生情况，器材的采购、验收、登记、保管、维修保养以及报废工作等。管理员的工作涉及多个方面，旨在确保社区体育设施的良好运营和管理。

5. 指导者

在社区体育中，指导者是从事技能传授、锻炼指导和组织管理的专业人员。随着人民生活水平的提升和业余时间的增多，尤其是全民健身计划的实施，人们对于提升健康、增强体力、丰富精神文化生活的需求不断增强。

6. 社区体育活动

社区体育活动既是社区体育的起点和落脚点，也是社区体育组织直接追求的目标。社区体育的各项功能都需要通过具体的社区体育活动得以实现。实际上，开展体育活动是社区体育目标的关键要素。这些活动不仅是实现社区体育目标的手段，同时也是社区体育组织为满足居民需求而积极推动的核心内容。

## 三、社区体育的分类与特征

（一）社区体育的分类

1. 按参与主体的群体规模大小分

（1）个人体育。

（2）家庭体育。

(3) 邻里体育。

(4) 微型社区体育。

(5) 基层社区体育。

2. 按消费类型分

(1) 福利型体育。

(2) 便民、利民型体育。

(3) 营利性体育。

3. 按活动时间分

(1) 日常性体育活动。

(2) 经常性体育活动。

(3) 节假日体育活动。

4. 按组织类型分

(1) 自主松散型体育。

(2) 行政主导型体育。

5. 按参与人群分

(1) 婴幼儿体育。

(2) 学生体育。

(3) 在职人员体育。

(4) 离退休人员体育。

(5) 特殊人群体育。

(6) 流动人口体育。

6. 按活动空间分

(1) 庭院体育。

(2) 公园体育。

(3) 广场体育。

(4) 公共体育场所体育。

(5) 其他场所体育（空地、江河湖畔等）。

## （二）社区体育的特征

社区体育活动是社区居民自发参与、简单易行、广受欢迎的各种身体锻炼活动。这些活动具有自愿性、公益性、多样性、趣味性以及服务性等特点。社区体育的重要性体现在丰富居民文化生活、提高生活质量、促进邻里交流、改善人际关系，以及推动社区繁荣发展等方面。这种体育形式不仅能够满足居民的健康需求，同时也会在社会层面上产生积极而广泛的影响。

### 1. 健美性与娱乐性

社区体育的主要受众是成年人，他们参与体育锻炼并非为了成为运动员或促进生长发育，而是在基本完成生长发育、达到成年状态后，通过体育活动来追求健康、优美的身体形态、姿态和动作的美感，以及享受运动的愉悦感。总的来说，成年人参与体育是为了"强身健体、形体美、姿态美、动作美、快乐愉悦"。

### 2. 多样性与灵活性

我国的社区体育活动种类繁多，简而言之，包括了众多的民族和民间运动项目，以及各种健身和养生方式，同时还融入了现代的健身健美技巧。随着时代的发展、科技的创新和与世界各地文化交流的加深，这些活动的内容日益增加。在社区的各个角落，只要有人群聚集的地方，不管在体育馆、公园绿地，还是在工厂、机关、街道或乡镇，居民都能依据自己的喜好自由挑选适合的运动进行身体锻炼。社区体育的组织方式非常多变，既有政府行政部门组织的，也有社会团体负责的，还有居民自发组织的。大家根据具体情况，采取不同的方法和手段来满足各自的健身和娱乐需求，显示出组织形式的多元化和灵活性。

### 3. 公益性与社会性

社区体育构成了社区服务的一个重要部分。作为非营利性质的公益事务，社区服务虽然偶尔会收取一些费用，但其核心目标并非追求利润，而是基于关怀、爱护和尊重的原则，体现了社会福利的扩展。正是社区服务的福利性、公益性和社会性特征，塑造了社区体育同样的性质。体育的发展是社会与人、人与社会之间复杂相互作用的历史过程的产物，它的产生、演变和进步都依赖于特定的社会环境系统。因此，体育不仅是社会影响下的产物，也是人类本质力量的体现。良好的环境能对体育发展起到积极的推动作用，而不利的环境有时则会对体育产生负面影响，甚至阻碍其发展。体育活动与其他社会实践之间的联系是一个有序且相互开放的交往过程。要真正理解体育活动的意义，我们需要将其置于具体的社会历史背景中进行考察，将其视为一种具有现实具体内容的社会活动，并从社会实践的角度出发来探讨其目的、作用和方法。只有这样，我们才能让体育活动的过程充满活力。

4. 弱竞技性与非正规性

竞技体育与学校体育和大众体育的主要区别在于其强调激烈的竞争。在竞技体育中，为了维护比赛的正常进行，需要制订严格的规则，并要求运动员在技术和战术训练中遵循规范。

社区体育并不对比赛项目、时间、地点和场地器材有特殊的要求，允许任何人参与。社区体育的主要目的是强身健体，而非追求竞技成就，因此不带有明显的功利色彩。社区体育具有强烈的自主性，参与者完全可以根据个人兴趣和需求选择活动项目和时间，而且在活动过程中可以根据自身情况随时调整活动的顺序和强度，没有受到严格规则的限制。

5. 义务性与低廉性

社区体育服务是在政府引导和推动下，以街道办、社会团体等社区体育机构为依托，调动社区各方资源，旨在满足社区居民体育需求的生活化、公益性的自助互助服务活动。它既是社区体育事业的整体表现，也是为了满足广大居民健身、休闲和娱乐需求的一项有益社会事业，确保社区居民享有基本的体育权益。

## 四、社区体育的功能与发展

### （一）社区体育的功能

体育基本公共服务是社会主义精神文明的核心组成部分，在构建社会主义和谐社会的过程中，体育基本公共服务显得尤为重要。

1. 身心健康功能

体育运动的主要设计宗旨在于通过身体锻炼来强化人们的体魄。体育活动有助于促进身体的成长和发展，提升中枢神经系统的工作效率，增进运动技巧，加强免疫力和适应性，并且可以起到预防和治疗疾病的作用。尽管营养和保健等多种途径同样能够增强体质，体育并不是唯一的方式，但通过专门设计的体育活动来强化体质，并在活动中获得独特的体验，是体育独有的存在意义。这不仅是体育的核心功能，也是它能够在人类社会中持续盛行的原因。

2. 人文功能

利用体育活动来增强体质和推动人的全方位成长，不仅是体育的显著特性，也构成了它与其他社会活动或要素影响人类和社会的核心差异。此外，体育具备其固有的、无法被其他方式替代的本质属性。

（1）提高体育文化素质。人的身体素质不仅构成了思想道德素质和科学文化素质的实质基础，同时也是一个民族和国家强大的支柱。毛泽东在《体育之研究》中强调："体育一道，配德育与智育，而德智皆寄于体。无体是无德智也。"他还指出："体者，为知识之载而为道德之寓者也。"体育的根本作用在于影响个体和整个民族的身体素质，对于人们健康状况的改善、身体素质的提升以及民族的强大都发挥着独特而重要的作用。提升人们的体育文化素质有助于改变社会风气，使人们形成健康的生活方式，推动精神文明的建设。

（2）加强人际交往。进行体育运动，不仅能够促进人际交流和互动，增进相互了解和信任，还有助于改善人际关系。竞技是体育运动的一项显著特征，通过竞争，人们能够培养竞争意识和团结协作精神。在人类社会中，竞争无处不在，要想在体育竞赛中取得胜利，就必须具备强烈的胜利欲望和良好的团结协作精神。

（3）锻炼意志品质。参与体育运动，尤其是在运动训练中，人们需要克服许多与体育运动相关的特殊身体困难，体验到在正常条件下难以获取的身体感受。这种感受在进行其他活动时很难获得。这种特有的体验对个体的内在意志品质有着独特的培养和磨炼作用。

（4）丰富人们的文化生活，提高人们的生活质量。通过参与和欣赏体育运动，人们不仅能够提高体质，还能愉悦身心，丰富文化生活，从而提升整体生活质量。体育竞赛作为一种有规律进行的活动，在世界范围内以奥运会为代表，已经成为现代人关注的焦点。不同形式和类型的体育竞赛以其独特的方式为人类社会创造出了多彩的文化精神食粮。

（5）为社会提供一套以平等、透明和正义为基础的价值体系和评判标准。平等是人类普遍追求的理想社会秩序。竞争作为体育的核心特征，通过比赛的方式决定胜负，激发个体的成就感和进取心，这是其他社会活动无法替代的元素。在某种程度上，可以说没有竞争就没有体育。体育竞赛遵循公平的原则，公开展示个人和团队的体能与智力，以此决定胜者，胜者也将赢得奖励和社会的尊敬。

（二）社区体育的发展

1. 社区体育在我国的兴起

社区体育在我国出现是多种社会因素综合作用的结果，有其深刻的历史根源和社会原因，概括起来有以下几点。

（1）社会体育需求的变化。自从改革开放以来，中国经济迅猛发展，人民生活水平显著提高。人们在拥有更强经济基础的同时，积极参与体育运动的热情不断升温。

（2）经济体制的改革。在过去相当长的时间里，我国社会体育主要由单位、行业和系统组织进行，而社区体育的发展相对较为滞后。这主要是由我国城市长期存在严重的"单位社会化"现象所致。

（3）社区建设的发展。推动社区体育的发展不仅是因为社会化的体育需求，还因为其是社区建设、管理和服务的必要组成部分。进行社区体育不仅能够增强居民的身体素质，丰富他们的业余文化生活，改善生活方式，提高生活质量，而且能够密切人际关系，培养社区的情感，增强社区的凝聚力，加强对社区的认同感，推动社区精神文明的建设。

（4）体育社会化的出现。随着经济体制改革和人们对体育需求的不断增长，政府独自办理体育已经不能满足体育事业发展的需要，必须倡导体育社会化。体育社会化要求整个社会都要高度重视、关心和支持体育事业。体育社会化成为社会体育兴起的推动力。

（5）老龄人口的增加。随着我国退休制度的规范化，大量退休人员进入社区生活。2020年第七次全国人口普查数据显示，我国60岁及以上的人口为26 402万人，占总人口的18.70%。按照国际标准，即60岁以上人口占比超过10%则进入老龄化社会，中国已经进入这个阶段。

2. 社区体育的地位

随着社会主义市场经济体制的建立，社区的职能不断增加，从而显著提升了社区的地位。在这一背景下，社区体育的地位也发生了变化，主要体现在以下几个方面。

（1）社区体育成为实施全民健身计划的重要举措。社区作为全民健身计划的执行主体，直接影响着全民健身活动的展开。在当前社区体育设施匮乏、居民体育意识不强的情况下，必须通过各种形式的体育服务创造条件，激发群众参与体育活动的积极性，形成社区体育氛围，以促进全民健身活动的顺利进行，确保全民健身计划的有效实施，真正实现全民健身、全民参与的良好局面。

（2）社区体育是社区精神文明建设的重要手段。当前，我国以推崇建设"精神文明小区"为重点，将社区全民健身活动作为评价指标，从而使社区体育的社会地位得到社会认可。

（3）社区体育是体育社会化的促进因素。首先，体育社会化是我国体育改革的方向之一,而社区体育在其中扮演着重要角色。其次,社区体育有助于完善两个依托,即以城市街道办事处和农村基层组织为主的网络依托,以及以场馆、学校、园林、空地为主的场地依托。

(4) 社区体育是体育生活化的重要举措。随着生活小区化的发展,社区服务逐渐小区化,城市住宅建设也以小区为基本模式。这使得社区体育服务逐步延伸至家庭,要求社区体育活动适应家庭环境。体育有着多种形式,包括商业体育、社会体育等,但只有社区体育服务是基层体育且贴近生活,对形成体育生活方式具有重要意义。

3. 我国社区体育的发展目标

党的十八大以来,全民健身活动蓬勃开展,这不仅为体育事业的迅速发展提供了机遇,同时也对体育事业的发展提出了更高的要求。

(1) 社区体育发展的社会化。社区体育发展的社会化包括社区体育对象的社会化,社区体育管理的社会化,社区体育设施建设的社会化和社区体育保障资金筹集的社会化。

(2) 社区体育发展的多样化。社区体育发展的多样化包括社区体育保障措施多样化,社区体育休闲康体产业经营项目、档次和管理经营者多样化和社区体育设施层次多样化。

(3) 社区体育发展的规范化。社区体育发展的规范化包括社区体育政策、制度和措施的规范化,社区公建体育场地设施标准的规范化,社区社会体育指导员配备和培训的规范化。

(4) 社区体育发展的现代化。社区体育发展的现代化包括社区体育场地设施建设和服务水准现代化、社区体育组织管理现代化。

4. 社区体育发展的指导方针

(1) 在深化变革的基础上,我们必须对社区体育进行规划和发展。这需要符合国家整体改革的进程。例如,企业社区体育的社会化需要在建立现代企业制度的过程中进行,其关键在于减轻企业的社会负担,将企业自我服务的项目转交给社会其他职能部门,这是改革的趋势。

(2) 我们需要在与国家经济协调发展的前提下,推动社区体育和社会经济的互动和良性运行。经济发展水平直接影响体育事业的发展，因此，只有在与经济协调发展的前提下发展社区体育，才能保证其健康发展和良性运行。

（3）在兼顾先进性和层次性的基础上，我们必须建设社区体育。社区体育资源应包括硬件和软件，硬件建设反映每一社区体育场地设施的发展水平，软件建设则代表社区体育服务水平和居民体育的参与意识，要搞好社区体育服务必须软硬结合。在当前形势下更要强调软件建设，通过宣传，培养居民的健身意识。

（4）在兼顾福利性和产业性的基础上，我们必须发展社区体育。社区体育逐步走向产业化，按市场化经营，注重经济效益已是必然，市场化经营将为社区体育积累发展资金。然而，社区体育又不能完全走向市场，它还有公益性的一面。因此，社区体育在引入竞争机制的同时，仍需按照社区体育的特点，体现兼顾公益性与效益的原则，注意福利性与产业性相结合。

（5）在制定和完善政策法规的基础上，我们必须保证社区体育顺利发展。开展社区体育是关系落实"全民健身计划"的重大问题，一定要有健全的法规制度，加强政府主管部门的宏观管理。

# 第二章 社区体育与社会发展

## 第一节 经济转型期的社区体育

### 一、社区体育是我国社会变革的必然产物

（一）社区体育的兴盛得益于经济结构的变革

伴随经济体制改革的加深，国家对资源的集中式管理正在逐步放宽，单位对于国家和上级单位的依赖性持续减少，单位的专业化目标更加明显，而非专业化的目标则逐渐由社区承担，导致个人对单位的依赖性降低。单位社会职能的减弱推动了社会化服务的迅速崛起。群众体育作为社会化服务的一个重要组成部分，其回归社会、回归社区是我国社会结构变化的必然趋势。随着对身份自由和个性的重视，当人们在单位中无法满足自身的体育需求时，他们开始将体育兴趣从单位转移到社区，这反映了改革带来的重大社会进步。在业余时间参与社区体育活动，已成为人们满足自身体育需求的理想方式。

（二）社区管理体系的不断完善，为社区体育的发展提供了外部条件

市场经济体制的建立，对城市基层社区的建设提出了更高的要求，众多的社会服务职能分离到社区，加强社区建设、社区管理和社区服务已成

为深化经济体制改革的需要。尽快建立与经济体制改革相适应的管理有序、服务完善的社区管理体制已是众望所归。社区体育是社区建设的重要内容，是社区文化服务的重要组成部分，开展社区体育对加强社区的精神文明建设具有重要意义。

## 二、社区体育从人治到法治的发展

在很长一段时间内，我国的体育法律体系建设相对薄弱，法治体育和依法行政的观念也较为淡薄。然而，《中华人民共和国体育法》（以下简称《体育法》）的颁布象征着我国体育进入了一个全新的法治化发展阶段。《体育法》以及《全民健身计划纲要》为社区体育的发展提供了法律支持和保障。根据《体育法》，城市应该发挥居民委员会等基层社区组织的作用，组织居民参与体育活动；《全民健身计划纲要》则强调积极发展社区体育，街道办事处应加强对体育工作的组织，并发挥居民委员会和基层体育组织的作用，同时体育行政部门应提供支持和指导。因此，开展社区体育是实施《体育法》和《全民健身计划纲要》的基础工作。

社区体育是群众体育的一个切入点，我国高度重视城市社区体育的建设与发展，相继出台了《全国城市体育先进社区标准》《国民体质监测工作规定》《关于加强城市社区体育工作的意见》等文件，为社区体育的发展指明了方向，并为城市社区居民的体质评估和指导提供了参考。近年来，为了配合《体育法》《全民健身计划纲要》《全民健身条例》的实施以及上述文件的推广，各省市自治区陆续发布了一些与城市社区体育相关的政府规范性文件、规章和地方性法规，这些举措在一定程度上推动了城市社区体育的广泛深入发展。例如，《广东省体育设施建设和管理条例》规定城市居民小区的体育设施建设应与小区总体规划相配套，并与教育、文化、卫生等设施相匹配。江苏省城乡全民健身服务体系的"八个一工程"包括建立一个健身组织网络、每年开展一次全民健身周活动、建设一个全民健身工程（点）、建设一批晨（晚）练活动点、建设一支社会体育指导员队伍、建立一个国民体质测定站、每年举办一次科学健身系列讲座、形成一个特色体育项目。

### 三、社会经济水平的提高有力地推动了社区体育的发展

（一）社区体育的发展得益于居民收入的稳步提升

持续且较快的居民收入增长为社区体育的发展提供了基本保障。若缺少居民收入的持续增长，社区体育的进步和体育市场的繁荣将难以实现。

（二）庞大的体育消费群体为社区体育的开展提供了条件

根据第七次全国人口普查结果，我国人口10年来继续保持低速增长态势。与居民收入水平同步增长的人口基数，意味着有支付能力的体育消费水平的提升，而有支付能力的体育消费需求的增长，又必然带来体育市场的持续繁荣。

（三）居民需求和消费结构的升级是推动社区体育发展的主要动力

当前，我国正处于社会消费结构发生重大变革的时期，社区居民的生活方式和价值观念发生了根本性的变化，人民的健身意识也在不断增强。健身活动开始进入家庭生活，人们愿意花钱购买健康，这为社区体育事业的发展打下了良好的基础。近年来，体育消费品（包括物质产品和服务产品）在各级各类社区中相继成为新的消费热点。总的来说，需求结构的变化带动了消费结构的变化，体育消费作为一种顺应我国居民消费结构变化规律的、具有增长潜力的服务性消费，强有力地推动了社区体育的发展。

### 四、当前影响社区体育发展的几个因素

（一）体育设施的建设、开放与运用

体育设施、必要的资金投入以及人员支持构成了社区体育发展的基础条件。体育设施是社区体育存在的物质基础，充分使用和挖掘社区资源，改善社区体育环境，以满足社区单位和居民对体育活动的需求与期望，都是社区体育发展的必要条件。各级体育行政部门应参与到新建居住区和居民小区体育设施的规划、执行、监督和管理中。对于城市规划和居民小区

建设过程中出现的侵犯群众体育利益的问题,应及时向当地政府报告并解决。在房地产市场化的背景下,要积极探索城市社区体育场馆建设的新方式,有条件的省区市体委可以与相关部门合作,安排一些示范小区和示范工程进行引导。

(二) 培训社会体育指导员

社会体育指导员是社会体育开展的基本条件,也是社区体育工作质量的前提保证。目前,我国这项工作开展较晚,与社区体育发展的要求差距很大。第一,总量不足。虽然我国社会体育指导员总数在不断增长,但是,社会体育指导员与总人口的比例与发达国家相比还有较大差距。第二,结构需要调整。国家级社会体育指导员比率很小,年龄结构不合理,学历结构整体偏低等。第三,我国社会体育指导员的分类过于粗放,类别的划分有待于进一步完善。因此,迅速有效地培养社会体育指导员成为当务之急。

(三) 发展体育社团

体育社会团体是党和政府团结、联系广大体育工作者、爱好者的桥梁和纽带,是发展体育事业不可缺少的重要力量,也是人民群众参与体育组织与管理的重要形式。《全民健身计划纲要》指出:"充分发挥各群众组织和社会团体在开展群众性体育活动中的重要作用,建立健全行业、系统体育协会和其他群众体育组织,逐步形成社会化的全民健身组织网络。"当前,我国社区体育社团的基本形式主要有:单项体育协会和俱乐部;以特定的对象为成员的协会或俱乐部,如老年人体育协会;社区体育活动站和辅导站等。要使社区体育有一个良好的发展,必须加强社区体育社团的组织建设,切实做好政府与体育社团之间、体育社团与其他社团之间、体育社团与企事业单位之间的协调工作。

# 第二节 社区居民的体育生活方式

人类的身体经历了漫长的进化过程，才形成了目前的生理结构。然而，现代社会的迅猛发展要求人们在相对短的时间内适应生活方式的快速变化。这对人类的生理适应能力提出了巨大挑战。目前的情况显示，由于强调脑力劳动而减少体力活动，人类的生物性能力正在下降。为了维持人类作为一个生物物种的生存活力，体育活动成为至关重要的手段之一。

## 一、居民生活方式的变化使体育生活化具有实现的可能

### （一）物质消费方式的变化

吃、穿、用的增长放缓，教育、文化、娱乐的增长加快。

我国城镇恩格尔系数的大幅下降，表明我国居民家庭消费结构发生了显著变化。城镇居民在吃、穿、用方面的消费支出增长低于教育、文化、娱乐等方面的消费支出增长。城镇居民不仅具备体育消费能力，而且已出现体育消费活动。饮食日趋科学合理，粮食供给热能比重逐步下降，脂肪供给热能比重逐步增加，其中动物性食品增速较快。从热能摄入量看，我国居民人均每天热量摄入达 $11.4 \times 10^3$ 千焦，超过国际正常标准的 $10.0 \times 10^3$ 千焦。

### （二）闲暇生活方式由传统向现代化转变

体育成为闲暇活动的主要内容之一。闲暇生活方式指人们在闲暇时间内的活动内容和类型。现阶段我国的工时制度已与国际接轨，实行每周5日工作制后，人们拥有更多的闲暇时间。社区居民休闲已露端倪，体育成为闲暇活动的主要内容之一。随着家务劳动社会化发展，家务劳作时间减少，人们有更多时间从事休闲性、娱乐性等活动。居民的闲暇生活方式开

始发生变化,由传统的串门、聊天、走亲戚逐渐变为把工作与休闲分开,使休闲成为一种有内涵价值和形式的社会活动。

(三) 家庭生活方式的变化使其休闲娱乐职能得到增强

家庭生活方式与体育生活化相联系,因为家庭是人们主要的社会生活场所,家庭生活在人们的全部生活中占有十分重要的地位。家庭成员对体育的态度可相互间产生重要影响。当前我国家庭规模缩小,核心家庭增多。由于核心家庭只有两种基本的家庭关系,即夫妻关系和亲子关系,因此生活负担系数较低,生活质量较高。家庭规模小使得许多传统家庭的职能相对缩小。这一发展趋势使得家庭的另外一些职能,如情感交流职能、文化教育职能、休闲娱乐职能得到增强。现阶段,我国家庭生活方式有利于体育生活化目标的实现。

## 二、体育生活方式的现状及成因

(一) 追求健康的体育活动目的

从社区居民的体育行为现状来看,健康问题成为大多数人参与体育活动的主要驱动因素。他们注重体育消费的实际效益,并寻求有效的锻炼成果。然而,社会对体育的重视程度仍然较低。体育生活方式仅在部分人群中流行,主要是出于健康需求。尽管如此,体育活动对个人的积极影响使其逐渐成为生活中的一种习惯。此外,体育行为的目的也呈现出多样化趋势,青少年更注重个人锻炼,而知识分子更倾向于社交互动。

(二) 人性化的活动项目选择

截至 2021 年,我国城乡居民偏好的体育活动包括散步、跑步、羽毛球、乒乓球、球类运动、体操、游泳、登山、台球和跳绳等。与 2010 年相比,人们的喜好没有显著变化,但登山和跳绳已成为热门项目。登山运动不仅能给人带来成就感,还能磨炼意志和体能,让人们亲近自然,体验原始的人性。此外,有氧运动如跳绳在人们喜好中的地位上升,因为它们相对强度低、易于掌握且具有塑身效果。

## （三）以公益为主的活动场地选择

体育活动场所主要集中在公园、社区场地和街头巷尾等免费或低成本的地方。这反映了社区体育场地的短缺和现有场地的使用情况。由于场地不足，公园和空地成为补充选择。这些地方费用低廉或免费，方便居民使用，而其他收费场地则影响了居民的锻炼积极性。

## （四）从小团体到大集体的活动形式演变

调查显示，居民参加体育活动的形式以"与朋友同事一起锻炼"为主，其次是"个人锻炼"和"与家人一起锻炼"，然后是"参加单位组织的活动""参加社区内组织的活动"和"参加辅导站、俱乐部的锻炼"。与过去相比，"参加单位组织的活动"减少，而"个人锻炼"和"与家人一起锻炼"增加。中型活动点（30~100人）最受欢迎，因为它们既能营造良好的锻炼氛围，又对场地要求不高。

## （五）体育活动的时间和强度特征

性别差异在低强度体育活动中不明显。虽然人们参加体育活动的时间缩短，但强度增加，效率提高。活动频率呈上升趋势。与1996年相比，2021年每周参加体育活动3次以上的男女比例分别增长了10.48%和13.07%。58.01%的活动者坚持每周末或节假日进行一小时的锻炼。体育参与时间呈现出分散与集中相结合的趋势，节假日体育活动的比重增加。

## （六）重视体育活动的评价效果

随着科学健身知识的普及，人们对健身设施和方法的需求提高。参与体育活动时，人们期望增强体力、健康，或寻求娱乐和社交。活动后的良好评价能明确参与者的努力方向，提高居民体育活动的参与度，激发锻炼的积极性和兴趣，克服盲目性，同时提升生活质量。

### 三、体育生活方式的发展趋势

#### （一）体育活动习惯的逐步形成

当前，居民参与体育活动主要基于兴趣，特别是在选择活动项目时。

随着人们在兴趣驱动下持续参与，这种活动方式逐渐演变为习惯。多数体育爱好者过去有运动经历，这些经历累积使体育成为他们生活的一部分，并逐渐转变为一种常态的生活方式。企业开始关注员工的生活方式，因为员工的健康直接影响公司的运营成本。例如，美国公司通过私家侦探调查员工的生活习惯，如吸烟和酗酒等，并据此决定是否解雇员工。新加坡的企业则积极组织员工进行体育锻炼。这显示出体育活动的习惯化趋势，可能成为评估个人生活方式和态度的重要指标。

### （二）体育活动时间的灵活性与效率提升

首先，单次活动的持续时间减少，但活动频率增加。26至45岁年龄段的活动时间有所减少，而他们的周活动次数却呈增长态势。其次，体育活动时间更加集中和分散，青少年和老年人可以灵活安排时间，而职业人士和家庭则倾向于在周末和节假日进行锻炼。体育活动不再局限于特定时间，而是融入工作、学习和日常生活中。

### （三）体育活动空间的拓展

未来10年，人们参加体育活动的场所将不局限于住所附近，体育旅游将迎来发展高峰。人们会为了体验不同的生活方式而远行，如东北的冰雪活动、香山的秋景、草原骑马、三峡漂流、神农架探险、观澜湖高尔夫、三亚潜水冲浪等。预计更多体育旅游项目将被开发出来，成为旅游新热点。

### （四）体育消费的多样化

体育消费包括购买运动服饰、器材、书籍以及健身活动和比赛门票等。社区居民的体育消费与其家庭收入密切相关，呈现分化趋势。无论收入高低，人们都会在体育上投入，体育已成为生活的一部分。高收入家庭追求高品质生活，注重品牌和文化价值；而低收入家庭在体育消费总量上接近高收入家庭，也重视体育器材和观赏比赛的消费。

## 四、体育生活方式的理论建设

在当前全球重新审视体育本质的背景下，结合我国党和政府倡导建立健康、文明、科学的生活方式以及推行全民健身计划的大环境，对体育生活方式进行研究显得尤为重要。这不仅满足了我国社会改革中对体育的需求，也顺应了国际体育发展的趋势，对于深化我们对人的本质和体育本质的理解，推动体育理论和生活方式理论的发展，实施全民健身计划，提升民众生活质量，以及促进健康教育事业的进步都具有重要的现实意义和深远影响。

体育生活方式理论为我们理解现代社会对体育的多元化需求提供了更广阔的视角。此外，该理论还具有独特的功能，能够引导人们在体育活动中追求健康生活，适应环境变化，提高生活质量。然而，由于体育生活方式的概念提出时间较短，尚未得到广泛关注，理论研究尚显不足，目前的研究主要集中在对概念的理解和特定人群体育生活方式的现状分析上。

## 第三节 文明社区建设中的社区体育

随着改革开放的深入推进，城市管理的重点正在逐步变化，社区的作用日益增强。在这种背景下，"文明社区建设"这一城市精神文明建设的基本项目应时而生。

### 一、文明社区建设

#### （一）社区建设

社区建设理念的兴起，根植于社区服务领域迅速拓展的土壤之中，标志着一种深刻的范式转换，远非简单的语词替换所能涵盖。它象征着一场全面而深刻的变革，致力于促进社区的均衡与可持续发展，以及居民个体的全面发展。社区建设实质上是一个包罗万象、多层面推进的过程，其核心追求在于构建和谐、繁荣的社区生态。这一进程囊括了民主政治的深化、法治精神的弘扬、经济活力的激发、道德风尚的提升、生态环境的优化、组织架构的革新、文化教育的繁荣以及社区治安的稳固等多元领域，其中，经济领域的振兴被视作当前阶段亟须解决的关键议题。通过综合施策，旨在全面提升社区的综合实力与居民的生活品质，营造一个既充满活力又和谐有序的社区环境。

（二）文明社区建设

文明社区构建与传统社区发展路径的核心区别，在于其对社区发展质与量并重的强调，尤其聚焦于社区现代化质量的精进。文明社区的营建，立足于社区构成的关键维度——人口结构、地理空间、生态环境、经济基础及文化内涵，巧妙调和人与社会、自然的共生关系，矢志达成三重提升目标：公民素养的升华、生活质量的优化及居住环境的美化。文明社区建设融合了三个层面的深耕细作：宏观视野下的文化熏陶与服务体系构建，中观层面的道德风尚培育，以及微观视角的家庭文明推广。其灵魂所在，即激发并强化居民的主体意识与参与精神，认定社区蓬勃发展的源泉在于每一位成员的主动融入。这一深度参与的历程，本质上是对现代公民文明意识的塑造与涵养。

## 二、社区体育与文明社区建设有机结合的必然性

伴随着社区职能的深化，尤其是在社会管理领域的角色强化，街道社区的治理权限得以拓展，赋予了街道办事处对辖内企事业单位较强的动员能力。这一系列特性为推动文明社区构建及社区体育活动的蓬勃开展铺设了有利条件。社区体育与文明社区建设共享同一平台——社区，二者均以促进人的全面进步及社区现代化为核心目标，愿景相通。

从宏观视角审视，社区体育活动嵌入社区文化塑造与社会服务体系之中，扮演着不可或缺的角色；从中观层面考量，社区体育有益于公共道德、职业操守及环境伦理的培育；而在微观维度上，社区体育活动能促进家庭伦理的建设，巩固家庭作为社会基本单元的功能，为社区乃至社会的整体发展奠定坚实基石。由此观之，社区体育与文明社区建设的深度融合势在必行，这是两者内在属性及目标高度契合的逻辑必然。值得注意的

是，相较于社区体育，文明社区建设的涵盖范畴更为宽广，两者虽互为补充，但后者在广度上明显超越前者。

### 三、社区体育与文明社区建设有机结合的措施

倡导社区体育与文明社区建设的深度融合，实质上是要求将社区体育视为文明社区构建的核心环节，纳入整体规划与统一指导的框架之中。在文明社区的塑造进程中，应充分挖掘和利用体育活动独有的社会凝聚效应，以此强化社区居民对所属社区的情感认同与归属意识，激发其参与社区事务的积极性，同时促进居民思想道德水平与身体健康的双重提升，充实其精神世界，培养文明生活习惯，优化人际交往模式，促进家庭和谐与邻里间的紧密联结，共同营造一个健康、文明、和谐的社区生活环境。

（1）强化统筹指导。文明社区的构建固然需要高层决策者的关注与支持，然而，其成功推进不能单纯寄望于领导层的意志，而是要构建一套系统完备的工作体系，该体系需具备明确的领导核心、组织架构、战略目标、实施计划、规章制度、执行步骤、沟通渠道、活动载体、监督机制及评估反馈。街道社区应由主要负责人主导，组建专司文明社区建设的领导小组，吸纳文化、教育、宣传、体育、民政、工商税务、工业、卫生、城建环保等相关部门负责人，以及居民委员会与驻区企事业单位的代表共同参与。

（2）壮大社区服务志愿者队伍。社区社会工作的成功取决于居民的意愿。社区发展不仅需要政府政策的推广，还需要居民的参与和互助合作。

（3）推动社区文明家庭构建与家庭体育活动的融合。家庭作为社会与经济活动的基础单元，其变迁直接映射出社会经济、政治演进、伦理道德及公众意识的动态。在文明社区的打造过程中，应着力倡导"体育模范家庭"评选活动，广泛宣传家庭体育的益处，普及家庭体育项目知识，表彰体育表现突出的家庭，并定期组织形式多样的家庭体育赛事，以此促进家庭成员间的互动交流，增强家庭凝聚力，同时提升社区整体的体育氛围与文明程度。

（4）协同推进社区环境优化与体育设施完善。社区环境建设涵盖自然

景观与人文氛围的营造,是提升居民幸福感与归属意识的首要因素。故此,在新型住宅区的规划、老旧社区的改造升级、社区秩序的规范、环境卫生的改善、绿化工程的推进及配套设施的健全等工作中,应确保体育设施的建设与上述各项同步进行,达到均衡发展。

(5) 注重社区文化休闲活动的策划。文明社区构建的核心在于功能的强化与拓展。要达成社区体育与文明社区建设的深度融合,关键在于将体育竞技活动转化为提升社区文化休闲功能的有效途径。应有组织地策划一系列深受居民欢迎的体育比赛,通过参与这些活动,不仅能强健体魄,还能提升审美鉴赏力,促进人际关系和谐,深化居民对社区的认同感与凝聚力,进而营造浓厚的人文气息与和谐的社区氛围。这不仅丰富了居民的精神文化生活,还促进了社区文化的繁荣与发展,为构建文明社区添砖加瓦。

## 第四节 社区体育的可持续发展

### 一、社区体育可持续发展的内涵

在 1995 年的哥本哈根全球峰会上,《宣言》明确强调了构建一个以人为核心的社会发展框架的目标。与此同时,中国在 1994 年推出的《中国 21 世纪议程》中也坚持了"以人为本、追求可持续发展"的原则。可持续发展观念不断深化并逐渐渗透到社会经济与文化生活的方方面面,体育领域自然也受到其影响。

体育,作为一种独特的人类文化表现形式,与可持续发展理念的交集日益显著,其核心在于通过普及全民健身,全面提升民众的身体素质与心理健康,进而推动社会的全面进步。在此背景下,面向广大民众的体育活动,特别是社区体育,因其在全民体育中的重要地位及对体育事业持续发展的基石作用,成为了实现可持续发展目标的关键环节。因此,我国的社区体育发展策略应紧跟时代步伐,紧密结合国家实际,前瞻未来趋势,坚定不移地迈向体育事业的可持续发展之路,为构建健康、和谐的社会贡献力量。

## 二、社区体育的现状有利于可持续性发展

### (一)社区体育的参与人数稳步上升

体育参与者的数量是衡量大众体育发展程度的关键指标之一。数据显示,1997年我国城镇地区的社区体育参与者数量明显少于发达国家。然而,近年来我国体育参与者数量迅速增长,与经济增长速度相仿,年均增长率超过5%。截至2020年年底,在7至70岁的人群中,经常参加体育锻炼的人数占比达到了42.5%,这一比例大幅超越发展中国家的平均水平,体育参与者数量赶上部分发达国家。

### (二)社区体育的发展模式趋于合理化

我国城市社区体育的发展模式正经历着积极的转型与升级。在参与人群的年龄分布上,以往以老年人和青少年为主体的格局正在发生变化,中青年人口的参与度显著提升,展现出更为均衡的年龄结构。在锻炼动机方面,过去偏重疾病治疗、康复保健及长寿追求的倾向逐渐减弱,取而代之的是以增强体魄、休闲娱乐为主要目标的健康生活方式日益流行。在组织形态上,以往较为松散的活动组织形式正逐步向规范化、专业化过渡,通过体育俱乐部、指导站点、活动中心等平台,为参与者提供更专业的指导与更高效的锻炼体验。在体育项目的多样性上,除了传统的散步、武术、健身操和综合健身器械锻炼,社区居民开始涉足需要更多资源和特定设施的现代体育项目,比如网球、游泳和户外探险旅行,体现了社区体育活动的丰富性和包容性。这些变化共同描绘了我国城市社区体育发展的新面貌,预示着更加全面、个性化和高质量的体育生活方式正在形成。

### (三)政府对体育领域的重视加深

1997年,为了解决群众体育健身活动场地和设施短缺的问题,国家体

委联合国家教委、民政部、建设部、文化部发布了《关于加强城市社区体育工作的意见》。《全民健身计划纲要》实施 10 年以来，国家累计投入经费超过 600 亿元。截至 2018 年年底，仅使用体育彩票公益金就在城乡新建了 5 627 个全民健身工程，配备了 23 319 条全民健身路径，安装了 5 920 个乒乓球台，13 790 副篮球架，以及 2 820 套体质测试器材，极大地改善了全民健身条件，显著提升了国民的生活质量和综合素质。

### 三、社区体育可持续发展的主要影响因素

#### （一）政策法规为社区体育的持续发展提供了坚实基础

政策法规构成了社区体育可持续发展的根本框架，也是确保其健康有序进行的关键支撑。自国务院在 1995 年颁布《全民健身计划纲要》及《中华人民共和国体育法》之后，相继推出了包括《全国城市体育先进社区标准》《国民体质监测工作规定》《关于加强城市社区体育工作的意见》《公共文化体育设施条例》和《中国体育彩票全民健身工程管理暂行规定》等在内的一系列相关文件，这些文件明确了社区体育建设与发展的方向。此外，各级地方政府也相应出台了一些规范性文件、规章以及地方性法规，对推动社区体育的广泛深入发展起到了积极作用。

#### （二）优良的社区环境是社区体育可持续性的基础

社区体育的兴盛与社区的总体氛围紧密相连，后者对其良性演进起着决定性的支撑作用。这一环境由自然与社会两大层面交织构成：自然环境，作为物质基础，聚焦于社区内的体育活动空间；而社会环境，则是精神土壤，涵盖经济条件与文化氛围。两者相辅相成，彼此影响，共同决定了社区体育生态的风貌。故此，构建和谐共生的社区生态，协调各要素间的互动，对确保城市社区体育事业的持久繁荣意义重大。通过精心打造这一双轮驱动的体系，我们能够促进社区体育活动的蓬勃发展，使之成为社区生活不可或缺的一部分，惠及每一位居民的身心健康。

#### （三）人才资源是社区体育可持续发展的关键

在社会经济前行的征途上，人才资本堪称核心驱动力，充裕且高素质

的人力储备对城市社区体育的稳健发展举足轻重。社区体育事业的长足进步，离不开多元人才的鼎力相助，涉及领域广泛，如社区体育活动的策划与管理者、专业健身指导教练、健康状况评估专员、体育科学研究者，以及体育相关产业的市场运营专家等。这些人才的汇聚与贡献，共同构筑起社区体育生态的繁荣基石，为其注入源源不断的创新活力与专业智慧。

### 四、社区体育可持续发展的理念

（一）人本理念

社区体育的持续发展必须坚守以人的自愿参与为本的核心人文价值观。在社区体育的所有建设中，无论是硬件还是软件，都应始终遵循以人为本的原则，将居民的需求作为发展的出发点和落脚点。

（二）服务导向

明确社区体育的功能定位，是践行可持续发展战略的基石。社区体育的真谛在于其服务属性，这构成了其持续成长的命脉。有效服务的落地，需依托制度的保障与资源的充沛供给，共同营造出利于发展的健康生态。鉴于此，构建契合城市化进程的社区体育服务体系，成为推动社区体育长久发展的核心目标。而打造一个目标清晰、切实可行的社区体育服务网络，则是实现这一愿景的关键路径。通过这一系统，不仅能够满足居民多样化的体育需求，还能促进社区活力的释放，为城市的全面繁荣贡献力量。

（三）资源整合

确立社区体育的功能定位，是落实可持续发展观的基石。社区体育的核心价值体现在其服务属性上，即将社区内外一切可利用的潜在资源进行挖掘与整合，转化成为推动社区体育事业持续向前的实际动能。这一过程不仅关乎体育本身，更促进了社区在经济、政治、文化及体育服务等多维度的综合提升，彰显了资源共享与成果共担的现代社区发展理念。社区体育的持续发展，不仅是一个具体的目标，更是一种价值追求，它强调全体社区成员在共建共享中实现共赢，为社区的全面进步注入了源源不断的活力。

### （四）本土化策略

我国地域辽阔，各区域间经济、文化和社交环境的差异显著，这催生了多元化的文化景观与生活习惯。社区体育，作为承载地方特色的一种体育表现形式，在各异的文化土壤中扎根生长，其本土化的发展路径不仅是适应地域特性的现实选择，也是实现可持续发展目标的必然趋势。各地社区体育在传承与创新中，既能体现本地文化的独特魅力，又能满足居民个性化的体育需求，从而促进体育活动的普及与深化，为社区的和谐发展与居民的健康福祉做出独特贡献。

### （五）社区参与

社区体育持续繁荣的生命力源于居民的亲身投入与共治共享。唯有激发居民的参与热情，方能唤醒其社区体育的自觉意识，进而高效调动与利用社区既有资源。因此，居民的深度参与构成了社区体育持续发展的内在引擎。缺乏居民参与的社区体育，难以称为真正的体育事业。推动社区体育持续发展的关键，在于培育居民的自我驱动与协作参与精神，鼓励大家为共同愿景携手努力，共享共创的硕果。通过居民的广泛参与，不仅能够促进社区体育文化的繁荣，还能增强社区凝聚力，为构建健康和谐的社区环境奠定坚实基础。

### （六）自治组织参与

社区体育事业的持续兴旺呼唤着自治团体与中介实体的深度介入，这已成为不可逆转的时代潮流。尽管我国的社区自治机构与中介组织尚处于萌芽与成长阶段，但它们在推动社区体育持续前进中的影响力已日渐凸显。近年来，各类社会中介组织纷纷投身于体育赛事的组织、体育产业的运营以及体育事务的管理，这标志着自治团体与中介组织正逐步成长为社区体育发展的重要推手，搭建起了社区体育创新与繁荣的新舞台。这些组织不仅丰富了社区体育的服务内容，还促进了体育资源的优化配置，为社区体育的长远发展注入了新的活力与动力。

**五、社区体育可持续发展中应处理好的几个关系**

（一）社区体育的可持续发展与资源短缺之间的联系

当下，中国正见证着社区体育活动的迅猛扩展，然而，公共体育经费与体育设施建造支出却显得捉襟见肘。再加上现存的体育设施开放程度不足，进一步加剧了社区体育需求与资源供给之间的紧张态势。可以预见，在未来数年内，社区体育活动仍将主要集中在公园及社区的开放空间进行，这一局面短期内难有显著改观。

鉴于此，政府应当加大体育场馆建设的财政投入，并积极吸引社会多元化资本参与社区体育设施的建设与完善。各地方政府在规划新区时，应合理预留公共活动空间，确保社区居民拥有足够的体育活动场地。同时，已有体育设施应最大限度地向社会开放，以提高资源利用率。此外，通过多种途径加速培训并扩充社会体育指导员队伍，是提升社区体育服务质量、推动其健康持续发展的关键举措。这些措施的实施，将为社区体育的长远发展奠定坚实基础，促进体育资源的公平分配与有效利用。

（二）社区体育的发展与广泛参与之间的关系

为贯彻落实《全民健身计划纲要》，扩大体育参与人群，我们需着力拓宽社区体育的辐射范围，精心设计符合各年龄段锻炼需求的体育项目，运用多媒体平台加大宣传力度，同时提供专业指导，以激发社区居民的体育兴趣。有条件的城市社区可探索创建多元化、主题鲜明的"全民健身广场"，为社区成员提供更为丰富的健身选择。上海在这方面树立了典范，通过构建由点及面的全民健身景观带，形成了一套网络化、固定化且能自发吸引群众参与的体育活动区域。

（三）正规性社区体育与松散性社区体育之间的关系

我们将由街道社区体育协会主导管理，并获得一定经费支持，组织严格、定时开展的社区体育活动定义为"规范型社区体育"。而那些由自发形成的体育团体组织，相对自由且组织结构较为宽松的社区体育活动，则归类为"灵活型社区体育"。规范型社区体育以其组织的严密性、动作的标准化、内容的丰富性以及形式的趣味性，对灵活型社区体育起到了引领示范和正面辐射的作用。反之，灵活型社区体育凭借其组织的灵活性、内容的贴近性、动作的节奏感及表演性质，对规范型社区体育起到了有益的补充和拓展功能。

鉴于此，我们应当加大对灵活型社区体育的管理和指导力度，建议成立区级与街道级别的社区体育协作小组，负责统一协调各类社区体育活动，并制订相应的管理章程，将其正式纳入社区体育管理体系，以促进其健康有序的发展。通过规范与灵活两种模式的相互借鉴与融合，不仅能够丰富社区体育活动的形式与内容，还能提升社区体育的整体质量和吸引力，推动社区体育事业的全面进步。

（四）社区体育的发展与体育产业之间的关系

社区体育作为我国经济体制改革背景下新兴的社会现象，其诞生不仅激发了居民参与体育锻炼的热情，提升了民众的身体素质，还间接提高了劳动生产效率。同时，在社区体育活动蓬勃开展的过程中，居民对体育用品和服务的需求显著增加，这不仅刺激了体育消费，还促成了体育产品买方市场的形成，为体育产业的繁荣奠定了基础。为了构建社区体育与体育产业之间相互支撑、协同促进、共同繁荣的良性循环体系，各地政府应根据本地实际情况，制订出切实可行的体育产业发展策略与长远规划。国家层面则需出台体育产品质量标准，规范市场经营秩序，确保体育产品生产的持续稳定，并在税收政策上给予适度优惠，以激励体育产业经营者的投资热情，进一步拓展和优化各类体育竞赛市场，通过降低入场费用等方式，激发公众对观赏性体育赛事的消费需求。

（五）社区体育的发展与精神文明建设之间的关系

在推动社区体育活动的过程中，我们务必将其与精神文明建设紧密相连，积极开展丰富多彩、以精神文明建设为核心的体育活动。原国家体育总局局长伍绍祖曾在全国城市社区体育工作会议上强调:"体育运动有助于培育科学、文明、健康的生活方式。广泛开展体育健身活动不仅能增强体质,提升健康水平,还能增强个人的适应能力,使人们充满活力,精神上获得愉悦和满足,从而显著提升人民群众的生活品质,让小康生活更加充实和多彩。"

因此,做好社区体育工作,对于提升居民的生活质量,推动社区精神文明建设具有不可替代的重要作用,应将其视为社区工作中的重中之重,全力以赴予以推进。体育活动的开展,不仅能够增强居民的身体健康,还能促进邻里之间的交流与理解,营造积极向上的社区氛围,为构建和谐社会打下坚实基础。社区体育与精神文明建设的深度融合,是实现居民身心健康与社会和谐发展的双赢之举,值得我们高度重视和持续探索。

## 第五节 学区体育——社区体育发展的一种新模式

社区体育现已成为落实"全民健身计划"的核心阵地,它正巧借社区内学校资源的丰富性,依托学校体育的引领效应,有力地助推社区体育的蓬勃发展。当前,一种以学校体育为中枢的学区体育发展模式正悄然兴起,成为21世纪社区体育创新实践中的崭新动向。通过学校与社区的紧密联动,不仅能够有效整合教育资源,还能激发社区居民的体育热情,形成家校社协同育人的良好格局。这种模式下,学校体育不再局限于校园围墙之内,而是延伸至整个社区,成为推动全民健身、提升居民健康素养的重要力量。学校体育与社区体育的深度融合,不仅丰富了体育活动的形式与内容,还促进了体育文化的广泛传播,为构建健康和谐的社区环境奠定了坚实基础。这一趋势反映出社区体育发展正向着更加开放、包容和多元化的方向迈进,展现了体育在促进社会进步与个人全面发展中的独特价值。

## 一、学区体育的概念

学区体育是一种创新的社区体育模式，旨在满足学校体育资源向公众开放的需求。这种模式通常以一个或多个地理位置相邻的学校为枢纽来划分活动区域（可能跨越行政边界），并以这些学校作为主要的活动场所。它面向所有居民（包括学生）提供服务，通过高效使用学校的体育设施来组织和进行社区体育活动。

## 二、建立学区体育的必要性

### （一）推行学区体育是达成"全民健身计划"的关键

根据《全民健身计划纲要》的规定，全民健身以全体国民为对象，尤其关注青少年群体。中小学作为社区不可或缺的部分，其在推进社区体育活动方面拥有众多优势，而这些优势的有效利用需通过建立学区体育组织来实现。我国大部分体育设施位于学校，且通常在非教学和训练时间处于未充分使用状态。因此，充分利用学校的体育设施能极大地缓解社区居民锻炼场地的短缺问题，为全民健康运动提供坚实的物质基础。

### （二）推广学区体育是满足社区体育发展需求的策略

伴随社会发展，社区体育在场地、人力资源、物资配备等方面的短缺问题日益凸显。采取以学校为中心的创新型社区体育模式，为应对这些挑战提供了有效途径。当前，社区体育协会的组成大多以企事业单位为主体，个人会员数量较少，且可调动的资源较为有限，活动形式单一，主要集中在举办体育竞赛上，难以满足居民日常健身需求的多样化。再加上社区体育协会的管理带有浓厚的行政色彩，缺乏灵活多样的组织形态和深度互动，尽管其初衷是充分利用企事业单位的资金和场地资源，但现实情况是，社区体育的活跃参与者多为非在职人员，这使得社区体育协会的影响力受到一定局限。而热衷于体育活动的社区居民，因受限于场地和资金，不得不依赖于社区体育协会提供的条件。

为了破解这一困局，吸引更多居民投身体育锻炼，提供更优质的体育服务，构建以学校为枢纽的社区体育新模式显得尤为迫切。学校作为教育与体育资源的富集地，不仅拥有完善的体育设施，还能提供专业师资和技术支持，成为连接社区体育与居民需求的桥梁。通过学校与社区的深度融合，不仅能有效弥补资源短板，还能创新体育活动形式，激发居民参与热情，促进体育文化的普及与深化，为构建健康和谐的社区环境注入新活力。这一模式的推广与实践，将为我国社区体育事业的持续发展开辟广阔前景。

（三）实行学区体育是学校体育革新的要求

历史上，我国的教育方针多侧重于满足社会与国家的发展需求，致力于培养服务于社会的有用之才，这种导向在学校体育领域体现为过分强调国家意志，凸显学校体育的社会功能与国家属性，却在一定程度上忽视了学生的个性发展和兴趣培养。学校体育课程内容往往固化，缺乏与时俱进的更新机制，导致许多学生在毕业后难以将所学体育知识与技能有效融入日常生活和职业实践中。

引入学区体育模式，能够有效弥合学校体育与社会体育之间的鸿沟，为解决学校体育面临的现实问题提供全新视角。通过学区体育的实施，不仅能够丰富学校体育的内容和形式，使其更加贴近社会实际与学生需求，还能促进学生终身体育观念的形成，提高体育技能的实用性和适应性。学区体育的推广，为学校体育改革开辟了新路径，它倡导体育教育与社区资源的深度融合，鼓励学生在实践中学习，在体验中成长，从而更好地培养学生的综合素质，促进其全面发展。这一模式不仅有助于提升学生对体育的兴趣和参与度，还能增强学校体育的社会影响力，为构建健康、活力的社区体育文化贡献力量。

### 三、学区体育的实施措施

（一）推动组织透明化

学区体育的服务范围远不止于在校学生，而是面向整个社区的全体居民。为了激发社区居民参与学区体育活动的积极性,构建一个开放包容的参与机制至关重要,这要求居民能够自由发表见解,参与决策讨论,共同规划学区体育的未来发展。因此,在启动学区体育项目之初,应先建立健全的管理架构,例如成立由学校代表和社区代表共同参与的学区体育理事会或委员会。

这些管理机构的主要任务包括:通过定期举办的沟通交流会,广泛传播学区体育的核心理念与价值;组建学区体育协会、体育指导委员会等专业组织,负责学区体育活动的具体规划与执行;探讨并创新学区体育活动的组织模式,如建立体育俱乐部等社团形式;定期举办各类体育赛事、培训工作坊和学术研讨会,为居民提供多样化的体育参与机会与学习平台。通过这些举措,学区体育不仅能够增强居民的体育意识,提升其健康水平,还能促进社区内部的交流与融合,营造积极向上的社区体育文化氛围,为构建健康和谐的社区环境奠定坚实基础。同时,学区体育的开放性管理机制,有助于吸纳更多居民的意见和建议,实现学区体育的持续优化与创新发展。

(二)实施管理数字化

当学校体育设施对外开放,接纳来自社会各界的广泛使用者时,其日常运营管理便需采用更为高效、智能的方式。计算机数字化管理系统成为这一需求的理想解决方案。数字化管理系统的应用,不仅能够便捷地获取使用者的基本信息,还能实时查阅社会体育指导员的专业资料,为参与者提供精准的指导服务。这种信息化管理方式,对于优化学区体育活动的组织与指导,提升体育设施的使用效率,以及促进社区居民的体育参与度具有显著效果。通过数字化手段,可以实现体育资源的合理分配,避免不必要的浪费,同时也能提供更加个性化、专业化的体育指导,满足不同年龄段和健康状况人群的多样化需求,从而推动学区体育的普及与深化,促进社区体育文化的繁荣发展。

(三)业务运作透明化

学区体育的运营范畴相较于传统的学校体育教育有了显著拓展,它不仅涵盖学校体育课程的传授，更包含了向社区居民提供多元化的体育服务。因此，学区体育机构必须深入洞察社区居民的实际需求，激发更广泛居民的参与热情。为达成这一目标，学区体育管理部门应当善用各类媒体平台，积极开展宣传推广活动，通过问卷调查、访谈等方式收集居民的运动偏好和兴趣点，及时了解他们的体育服务需求，并保持与居民的密切沟通，以便适时调整服务内容，确保体育活动能够精准对接居民的期待与兴趣。

通过这些举措，学区体育不仅能够提高服务的针对性和吸引力，还能增强居民的归属感和参与度，营造浓厚的社区体育氛围。同时，持续的居民反馈与沟通也有助于学区体育机构不断优化服务模式，提升服务质量，形成良性互动的社区体育生态圈，促进社区体育文化的繁荣与居民健康水平的提升。这样的做法不仅有助于构建和谐的社区关系，还能推动学区体育事业的持续发展，为社区居民创造更加丰富多彩的体育生活。

（四）活动组织灵活多样化

学区体育管理机构应当主动创新，精心设计并组织丰富多彩的体育活动，同时根据居民的多样化需求，灵活开设各类培训课程和专题研讨。比如，可以为学生群体安排篮球、足球等球类运动的技巧指导，或是举办健身知识讲座；对于那些渴望掌握特定体育技能，或是对某一运动项目抱有浓厚兴趣的社区居民，学区体育机构可以开设专项技能训练班，或是成立专门的运动兴趣小组，如瑜伽班、羽毛球俱乐部等。

通过这些针对性强、形式多样的活动与培训，学区体育不仅能够满足不同年龄段和兴趣爱好的居民需求，还能激发更多人的运动热情，促进体育技能的普及与提升，增强社区居民的健康意识和体质水平。同时，此类活动还能促进社区内部的交流与互动，增强邻里间的凝聚力，营造积极向上、健康和谐的社区体育文化氛围。学区体育机构在策划活动时，还应注重挖掘和利用社区内的体育资源，如邀请资深体育爱好者担任讲师或教练，或是与当地体育俱乐部合作，共同举办赛事，进一步丰富活动内容，提升居民的参与度与满意度。

## 四、学区体育开展应注意的问题

### （一）更新旧有理念

一直以来，人们普遍认为学校建造的体育设施应当仅供学生使用，而对社区居民开放则似乎背离了长期遵循的教育模式。然而，由于全民健身运动的普及，体育已经成为人们生活的一部分。鉴于目前社区活动空间有限，且学校体育设施的维护资金不充足，实施学区体育能够实现互利共赢的局面，这是符合时代发展趋势的。因此，我们需要改变过时的观念，增强学区体育的宣传力度，并与学校的管理部门及相关横向部门加强沟通。

### （二）精心规划开放时段

实施学区体育的开放政策时，首要任务是确保学校自身的教学、竞赛和训练需求得到充分满足，之后再逐步向社区居民开放使用。具体来说，在寒暑假期间，学校体育设施可以实现全天候对外开放，以最大限度地服务于社区居民的体育锻炼需求。而在学期内，考虑到学校日常教学活动的安排，开放时间可选择在中午休息时段或晚间进行，这样既能充分利用非高峰时段的体育资源，又不会干扰学校的正常教育秩序。

学区体育的开展必须以不影响学校教学为基本原则，确保学校体育设施的开放不会对师生的学习和工作造成不利影响。在制订开放计划时，学区体育管理机构需与学校相关部门紧密沟通，合理规划开放时间，避免与学校体育课、课外活动及各类考试冲突，同时也要注意维护设施的日常保养与安全检查，确保使用者的安全与健康。通过周密的安排与管理，学区体育不仅能够促进学校与社区的资源共享，还能为社区居民创造更多参与体育活动的机会，助力全民健身事业的发展，同时维护学校教育环境的稳定与和谐。

### （三）合理设置收费政策

基于不同地区的经济状况和消费能力，学校体育管理部门与社区委员会应携手合作，共同商定一个广大居民能够承受且普遍接受的收费标准。

学区体育的宗旨在于推动全民健身，其运营应以提供优质服务为首要目标，收费仅作为覆盖基本管理与维护成本的手段。因此，学区体育的收费体系应当置于监管机构的严格监控之下，一旦发现存在不合理的价格上涨，监管部门应迅速介入，采取措施加以纠正，防止此类现象对尚处于探索和发展初期的学区体育模式造成负面影响，确保其健康发展，惠及更多社区居民。

为实现这一目标，学区体育管理机构需建立透明的财务管理制度，定期公开收支明细，接受社会监督，同时也要积极寻求政府补贴、企业赞助等多元化的资金来源，减轻对使用者的经济负担，让学区体育服务更加亲民、普惠，真正成为促进全民健康、提升社区活力的重要推手。通过合理定价与有效监管，学区体育不仅能够保障自身运营的可持续性，还能赢得社区居民的信任和支持，为构建和谐社区、推动全民健身事业做出更大贡献。

（四）强化责任与权利的管理

作为一项创新的社区体育模式，学区体育在起步阶段难免触及学校与社区之间的权责界定。因此，在正式推进学区体育项目之前，学校与社区双方有必要基于共同利益考量，签署一份详尽的责任协议书。这份协议的制订与执行，一方面能够有效预防和妥善处理在日常管理中可能遇到的各种问题，确保学区体育活动的顺利进行；另一方面，它还能从整体上协调学校与社区的利益关系，排除潜在的障碍，营造一个支持学区体育发展的良好环境。

通过明确双方的权利与义务，责任协议能够促进学校与社区之间的沟通与合作，确保学区体育服务既满足学校教学需求，又兼顾社区居民的体育锻炼权益，实现互利共赢的局面。此外，协议还应规定双方在财务管理、设施维护、安全管理等方面的职责，确保学区体育活动的健康、有序发展，使其成为推动学校与社区共建共享、促进全民健身事业的重要力量。通过这样的机制，学区体育不仅能够有效整合资源，还能增强学校与社区的凝聚力，为构建和谐社区、提升居民健康水平做出积极贡献。

# 第三章 城市、农村与城镇社区体育

## 第一节 城市社区体育

城市社区是由非农业产业和非农业居民集中形成的较大的居住区，其高人口密度和工业活动有别于传统的农村社区，并展现出独特的特点。自20世纪80年代起，中国经历了剧烈的社会变革，导致社会结构从以单位为基础转变为以社区为中心，这一变化结束了计划经济时代以单位体育为唯一核心的城市体育组织结构，从而催生了城市社区体育的发展。

### 一、城市社区的特征

城市社区建立在第二产业和第三产业之上，其规模庞大且结构复杂。城市的一个核心特征是其庞大的人口规模和高密集度，以及非农业活动在特定地理区域内的集中。与农村社区相比，城市社区的特点主要包括以下几点。

#### （一）经济特征

历史上城市的形成是以手工业者和商人的集中为基础，城市人口的增长通常与工业劳动力的增长同步。由于城市社区是非农业行业，如工业、商业、运输和服务业的中心，居民主要以这些行业为职业和生计来源。城市经济是基于空间集中的经济活动。城市社区的发展表明，只有通过人口、企业和活动的地理集中才能形成城市经济。这种集中带来了显著的经济集聚效应，意味着企业能够获得更高的利润，居民能够享受更多的福利，进而推动城市经济的进一步集中。然而，过度集中也可能引发问题，如工资上涨、地价上升、交通堵塞和环境污染等，这些问题可能导致城市向郊区扩展，甚至引起城市衰退和新社区的兴起。

（二）人口特征

城市社区的人口特点包括数量众多且密度高，这是其与农村人口的主要区别。另外，由于高等教育和科研机构集中在城市，城市居民的教育水平和文化素养普遍高于农村地区。城市人口的异质性也较强，从事不同职业、来自不同社会阶层和文化背景的人在城市中相互交融。最后，城市人口具有较高的流动性，与农村地区的稳定增长相比，城市吸引了大量外地移民，提供了更多发展机会和较少的限制，因此垂直和水平的社会流动性都较大。

（三）社群和组织特征

城市社区中的社会团体通常是基于地理位置和共同利益，以兴趣和爱好为联系纽带；社会组织众多、类型多样；组织的分工细致、专业化程度高；组织结构通常是严密的官僚体系。

（四）文化特征

由于城市人口具有多样性，结合城市交往中对平等契约的理性要求，城市社区的文化呈现出理性化和多元化的特征。不同的城市社区展现出不同的文化特色，正是这些"文化差异"塑造了各具特色的社区文化。

## 二、我国城市社区体育的组织管理体制

（一）社区体育的组织结构和管理方式

社区体育的组织管理需要政府与社会力量的共同参与，主要涵盖了社区体育的宏观管理和基层社区内部体育活动的微观调控两个层面。从单个社区体育管理部门的角度看，它负责管辖本社区范围内的体育活动，扮演着管理主体的角色；然而，置于全国乃至全社会的体育管理体系中，它又

转变为被管理的对象，成为管理客体的一部分。社区体育的组织与领导架构由领导体系、协调体系和操作体系三大板块构成，自上而下分为市级、区级、街道级和居委会级四个层级。每个体系和层级都有其特定的职能，各自承担着相应的责任，共同推动社区体育事业的发展。

其中，街道社区体育协会在当前的社区体育组织架构中占据核心位置，承担着组织与管理社区体育活动的主要职责。而体育活动点和体育辅导站则作为具体的活动执行单元，直接服务于社区居民，是社区体育活动得以开展的重要载体。20 世纪 90 年代以前，社区体育的组织管理体系主要由前三层构成，即市级、区级和街道级，而居委会级作为最基层的体育活动组织，在后来的发展中逐渐显现其重要性，成为社区体育服务体系中不可或缺的一环，进一步细化了社区体育的管理和实施，增强了服务的针对性和有效性，促进了社区体育活动的普及与深入。这一演变过程反映了社区体育治理体系不断完善和深化的过程，为社区体育的持续发展奠定了坚实的组织基础。

（二）街道社区体育的组织管理模式

街道办事处作为市或市辖区人民政府的派出机关，承担着基层政府的职责，负责处理社区层面的各类行政事务。从其行政职能角度来看，街道办事处的管理工作兼具高度的综合性与复杂性，涵盖经济、政治、社会管理、文化教育、体育健康、环保等多个领域，展现出了全面的行政管理特性。

我国的城市街道社区体育协会（或称街道文体协会）以街道办事处为根基，其活动范围限定在街道办事处的管辖区域，由该区域内的单位和居民委员会共同参与组建。这一组织模式始于 20 世纪 80 年代中期，一度成为社区体育活动组织的主流形式。街道社区体协通常实行理事会制度，其办公地点设在街道的文教科、文化站或社区服务中心，本质上是一个覆盖街道范围内的体育联合组织。

街道社区体协的下属机构包括街道项目体育协会、特定人群体育协会、街道体育俱乐部、街道社区体育服务中心，以及社区（居委会）文教

(体)委员会和街道辖域内的单位体育协会等。其中,单位体育协会在受本单位直接管理的同时,也接受街道社区体协的指导与协调,体现了街道体协作为"区域性单位体育联合体"的鲜明特征。这不仅彰显了单位体育在城市社区体育发展早期阶段的重要作用,也为社区体育的组织架构与活动开展提供了有力的支撑和引导。街道社区体协的这一模式,促进了体育资源的整合与共享,增强了社区体育活动的组织化程度,为推动社区体育事业的繁荣发展奠定了坚实的基础。

## 三、不同类型社区的体育发展

### (一)我国城市不同类型社区的特点

#### 1. 我国城市的四大居住地带

自新中国成立以来,我国的城市社区形态受到了政治、经济和文化等多重因素的影响,形成了与国外不同的城市居住分布模式。这些模式并非典型的同心圆状、扇形状或多核心型,而是呈现出中国特色的分布趋势,大致可以分为以下四类。

(1)传统街坊社区,即旧城区的老住宅区。这些地区多为新中国成立初期保留下来或后续见缝插针式建设的区域,房屋所有权多样,以低层建筑为主,条件相对陈旧且拥挤。这里的居民主要是商业服务人员,社区活动有助于弥补生活和工作角色的不一致。

(2)单位社区,是以工作单位为核心的混合居住区。在计划经济时期,企业不仅提供工作岗位,还负责员工的住房问题,形成了居住与就业相结合的社区结构。这些社区通常设施完备,居住环境较好,居民职业背景相似。

(3)综合社区,指20世纪70年代末以后兴建的大型单一居住功能区。这些社区独立于工作单位,以中高层建筑为主,配备完善的生活设施,居住环境优越,社区内居住分化现象明显。

(4)城乡接合社区与边缘社区,位于城市边缘,是农村向城市过渡的区域。随着城市的扩张,这里出现了功能性混乱和职业构成多变的情况。居民多为外来流动人口,与当地生产和生活紧密相连,体现了一种初级的城市空间特征。

2. 我国城市居民居住空间的特点及形成原因

(1) 在计划经济体制下,住房由国家分配,个人无法根据经济状况选择居住地,导致居住分布与个人财富关系不大。居住差异主要反映的是单位之间的福利差别,而非个人收入的高低。

(2) 生活、工作和娱乐空间往往在同一区域内混合,城市布局传统上将工作岗位、住宅和生活服务设施集中在一起,导致了不同功能空间的重叠。

(3) 由于经济收入差距、建房标准随时间的变化以及从单位分配到商品市场的过渡,新旧住宅区的功能完善程度存在显著差异,同时存在着单位制和非单位制的并行体系。

(二) 我国城市不同类型社区的体育现状

自 20 世纪 80 年代中叶起,我国的城市社区体育开始萌芽并逐渐发展壮大,如今已牢固确立其在我国群众体育体系中的核心地位,成为推动全民健身事业发展的重要力量。

1. 积极参与体育锻炼的群体

通常来说,将每周至少锻炼 3 次,每次至少 30 分钟,且运动强度达到中等或以上的人们视为经常参与体育锻炼的群体。根据王凯珍 2005 年的研究,在传统街坊社区、单位社区、综合社区和边缘社区中,经常锻炼的人口比例分别占调查总数的 29%、31.1%、31% 和 21.6%,边缘社区的这一比例较低。

2. 不同社区居民对体育活动场所的偏好

在体育活动场地的选择上,不同社区的居民展现出明显的偏好差异:传统街坊社区与新型综合社区的居民更偏爱使用公共体育场馆及公园广场作为锻炼场所;相比之下,单位社区和边缘社区的居民则更倾向于利用公共体育设施或所在单位的内部场地进行体育活动。然而，对于各自社区现有的体育设施，居民的整体满意度并不高，具体而言，表示满意的居民仅占10.3%，而不满意的居民比例却高达51.8%，另有37.9%的居民持中立态度。从不满意情绪的强烈程度来看，从高到低排序依次为边缘社区、传统街坊社区、单位社区以及新型综合社区，这揭示了社区体育设施建设与居民需求之间存在的差距，以及在不同社区类型中这一问题的差异性表现。

3. 社区体育活动的常见形式

调研结果表明，城市社区的居民在挑选体育活动方式时，前三名依次为与同事或朋友结伴锻炼，个人独自锻炼，以及与家庭成员共同参与锻炼，这反映出体育活动的组织化水平相对较低。值得一提的是，单位社区的居民则呈现出不同的偏好，他们更倾向于参与由单位组织的集体锻炼活动，这一选项在他们的选择中取代了与家人一同锻炼的位置，显示出单位社区居民在体育活动参与上的特有倾向。

4. 不同社区体育的总体特征

综观我国城市中的居住区域，已自然演化出传统街坊社区、单位社区、综合社区以及边缘社区这四大类形态各异的社区类型。每一类社区因其居民构成的多样性、环境特质、管理模式、人际互动的频次、社区氛围及居民的认同感存在显著差异，进而对社区体育活动的特色产生了深远的影响。在体育活动的参与度、体育设施的质量与可用性、组织管理者的角色、收费场所的利用率、资金来源渠道以及居民对体育设施的满意度等方面，不同类型的社区呈现出各自的特点和挑战。

具体而言，综合社区和单位社区在体育基础设施的完善程度、资金投入力度以及体育活动的活跃度上，相较于传统街坊社区和边缘社区展现出明显优势，其体育设施和活动项目也更受居民好评，满意度普遍较高。传统街坊社区与新型综合社区的居民对社区体育抱有更高的期待，反映出他们对社区的深厚情感与归属感。而在单位社区中，居民们更乐意参加由单位发起的体育活动，这一倾向映射出在单位体制背景下，居民们强烈的单位归属意识和集体认同感，体育活动成了加强单位凝聚力和增进职工间交流的重要纽带。这种社区类型的多样性不仅丰富了城市居民的体育生活方式，也为社区体育的差异化发展提供了肥沃土壤。

## 第二节 农村社区体育

农村社区体育活动是农村文化生活的关键要素，对于增进农民的身体健康、提升生活品质以及家庭福祉具有积极作用。此外，它对提升农村的精神文化层面、促进乡村经济的稳定与发展同样至关重要。乡村体育也是实现乡村振兴战略和全民健身计划的重要途径，有助于构建全面小康社会和确保国家的长期安定与繁荣，体现了农民对于追求更好生活的渴望。

### 一、农村社区和农村社区体育概述

乡村社区体育活动是《全民健身计划（2016—2020年）》得以有效执行的关键推动力，并在促进农村体育事业的进步方面扮演着重要角色，同时展现了独特的地方特色。根据现代社会学的理论，社会是由不同规模的社区构成的。

#### （一）农村社区概述

1. 农村社区的概念

"社区"这一概念需要满足几个标准：首先，它占据特定的地理空间，在这个空间内，有一群彼此之间存在联系的居民；其次，社区相当于一个缩影社会，其成员在环境、服务和日常生活等方面拥有共同的利益，而且能够在社区内满足大部分生活需求，从而具备一定程度的自治性；最后，社区是一个开放的区域实体，人们的日常活动不受其地理界限的限制，社区的规模可大可小。

农村社区的定义可描述为：一个具备独特社会功能的地域性社群，其内部具有相对独立的自治能力，社区成员主要从事农业生产及相关活动。

2. 农村社区的特征

（1）人口分布稀疏，地区广阔，与自然环境的联系紧密。相较于城市，农村的人口分布较为稀少，流动性较低，居民点规模小，但人际联系紧密，亲缘关系显著。我国的山地和水域多分布于农村地带，赋予农村社区辽阔的地域和较城市更为良好的生态环境。由于地理位置、季节和气候的影响较大，农村社区的日常生活和生产活动对自然环境的依赖性较高。

（2）经济、文化、教育以及科技发展相对滞后。长期以来城乡二元结构的存在导致农村社区的经济模式单一，文化、教育和科技进展较慢，经济发展水平不高，农村居民的教育程度普遍较低，先进科技的普及与应用也较为有限。

（3）职业类型单一，同质化程度高，组织结构比城市简单。农村的职业种类较少，职业分工不如城市复杂，社区组织架构较为简明，且基层组织建设相对落后于城市。

（4）生活方式较为单调，带有浓厚的传统文化底蕴。长期受到农耕文化影响，农村社区居民的一些传统思想观念，如迷信、保守主义、地方主义和区域意识，难以在短时间内消退。

（二）农村社区体育概述

乡村社区体育活动是农村文化生活不可或缺的一部分，它对于增进农民的身体健康、提升健康标准和家庭的生活品质具有积极影响。同时，它对提高农村的精神文化层面、促进乡村经济的稳健与繁荣发挥着重要作用。此外，乡村体育也是实现全面建成小康社会目标和维护国家长治久安的关键因素，体现了农民追求更加美好生活的愿望，并且是推进乡村振兴战略以及全民健身计划的重要环节。

在中国，乡村社区体育活动是指在政府相关部门的支援和引导下，在农村地区进行的一系列体育活动。这些活动由政府行政机构和群众组织共同推动，主要面向农民群体，旨在提升健康水平、丰富农村的文化生活以及推进社会主义的物质文明和精神文明建设。乡村社区体育的兴起和发展是市场经济环境下体育社会化进程的自然结果。

## 二、农村社区体育组织结构与职能

### （一）农村社区体育组织结构

农村社区通过进一步完善和发展农村社区体育组织，对促进农村社区体育的发展真正起到组织、领导、评价、协调的作用，从而促进农村社区体育的发展。

1. 乡镇级农村社区体育组织结构

乡镇级农村社区体育组织结构主要包括：乡镇体育行政部门、乡镇级农村社区体育组织。

（1）乡镇体育行政部门。

1）乡镇政府。乡镇政府作为国家行政体系的基础单位，在其管辖区域内履行行政管理职责。《中华人民共和国地方各级人民代表大会和地方各级人民政府组织法》第七十六条规定，乡、民族乡、镇的人民政府执行本行政区域内的经济和社会发展计划、预算，管理本行政区域内的经济、教育、科学、文化、卫生、体育等事业和生态环境保护、财政、民政、社会保障、公安、司法行政、人口与计划生育等行政工作。这项法律规定确认了乡镇政府在法律上承担推动农村体育发展的责任，并授予相应的管理权限。乡镇政府在农村体育管理方面的职责包括：传播上级政府及相关部门关于农村体育的政策、法规和文件；制定本乡镇的体育发展规划；推动、管理和执行本级体育事业的具体工作；解决农村居民在体育活动中遇到的问题，满足他们的体育需求等。

2）乡镇全民健身领导小组。乡镇政府将指定一些来自本级党政机关的领导、各行政村的党委书记与村主任以及学校领导等人员，组成乡镇全民健身领导小组。该小组承担的主要任务包括：促进农村全民健身活动的持续进步，完善农村体育工作的基础网络，以应对农村社区居民对体育锻炼的迫切需求；策划、举办和指导农村社区进行各种群众体育活动及运动赛事。

3）乡镇文化站。乡镇文化站（在不同地区可能被称作文体站、文体办公室或文体中心）属于乡镇政府负责体育事务的基层单位，它站在组织、指导和执行农村社区体育及文化活动的最前线。该文化站是对县级全民健身活动组织架构的补充，它的成立为农村社区的体育活动提供了必要条件。乡镇文化站的核心职责是向农村居民提供包括文化、体育和社会服务在内的公共福利，并协助乡镇党政机关进行文体宣传工作。作为当地公共文化服务体系的关键部分，乡镇文化站的建设不仅是精神文明建设的重要展示窗口，也是一项关键工程。

（2）乡镇级农村社区体育组织。尽管体育管理部门在这些组织的领导、组织和管理工作中起到了核心作用，但实现农村社区体育的发展还需要更多的参与者，包括企业、社会团体、民间机构和个人，共同构建一个多元化的管理框架。这样的框架将使得农村社区体育的发展不再仅限于政府的职责，而变成社会各界的共同事业。

这些乡镇级别的体育组织分为两大类：一是官方背景的团体，如共青团和妇联；二是民间力量，如农村体育协会、老年人体育协会和其他民间体育团体。这些组织已经成为推进农村体育活动的重要力量。

2. 村级农村社区体育组织结构

村是指我国农村中的居民点，多由一个家族聚居而自然形成。村里的居民多在当地从事农、林、牧、渔业或手工业生产。村级农村社区体育组织主要包括以下两种类型。

（1）村民委员会作为乡镇下辖行政村的基层自治组织，是由村民选举产生的，负责实现村民自我管理、教育和服务。根据1995年颁布的《中华人民共和国体育法》，村委会和基层体育文化组织在推动农村体育活动方面具有基础性的作用。1996年6月21日发布的《国家体委关于深化改革加快发展县级体育事业的意见》强调了发挥农民体协、乡镇体育指导站、乡镇文化站及村民委员会在开展"亿万农民健身活动"中的关键作用，从而确认了村民委员会在农村体育活动组织中的重要地位。

(2) 村级农村社区体育组织是农村社区体育组织架构中的一个重要环节，它分为传统型和现代型两种形式。传统型组织通常以血缘和地缘为联系，通过宗族、家族和社会结构等形式出现，以传统体育活动为中心，主要在祭祖、节日庆典、婚丧等社会活动中进行，旨在娱乐神明和展示族群力量。尽管这些组织内部团结紧密，但它们并不属于现代民间组织的范畴。相反，现代型组织则基于共同兴趣和业务关系，如体育健身点、体育指导站、篮球队、舞蹈队等，以自愿加入、自我管理和非营利为特点，并以篮球、足球、乒乓球等现代体育项目为主要内容，以追求健康、娱乐和休闲为主要目的。

### (二) 农村社区体育组织职能

#### 1. 宣传职能

乡村体育组织需要利用其组织能力，普及体育活动的知识与健身的科学原则，以提升农民对体育的认识和科学健身素养，进而改变他们对体育价值的传统看法；此外，还需认真宣讲国家关于体育的相关政策法规，让农民明白体育活动对于全民的意义以及政策支持的背景；应当鼓励全体村民参与体育运动，并通过宣传使大众共享体育带来的益处，这样不仅能够提高农民参与体育的普遍性，而且有助于为体育设施的资金筹措开辟途径，为吸引多方面的资助打下基础；还需要展示体育活动的成果，扩大体育事业的影响力，吸引更多关注；及时分享其他农村社区以及全国范围内农村地区的体育活动动态，学习借鉴先进的体育管理经验，不断改进本社区的体育工作。

#### 2. 组织职能

乡村体育机构应承担起引领和指导村民进行体育活动的职责，包括在体育活动开始之前进行动员与后勤安排、活动进行中的协调与管理以及活动结束后的效果评估和财务结算等工作。作为乡村体育活动的组织者和管理者，这些机构扮演着领导者和负责人的角色，负责保障农民体育活动的规范性、有序性和连续性。

3. 协调职能

乡村体育机构往往充当"桥梁"的角色。它们负责接收上级部门的指导，并确保这些指导方针在下属单位得以实施，同时也需要协调多方面的关系以达成乡村体育的目标。实际上，乡村体育活动能否顺利进行，很大程度上取决于这些组织能否有效地发挥其中介作用，以及能否顺畅地沟通各方，确保体育工作的流畅推进。

### 三、农村社区体育的特点和现状

（一）农村社区体育的特点

我国农村社区体育的特点与当前农村社会、经济、文化、体育管理体制和运行机制等方面有着密切的关系。

1. 农村社区体育社会化程度较低

目前，从我国农村社区体育管理来看，仍然沿袭着自上而下的行政管理惯性。农村社区体育活动经费的筹资渠道主要是政府财政支出和体育彩票公益金，而通过上级政府财政转移性支出、权益出让、企业赞助或投资等渠道获取的资金并不多，缺乏独立生存能力和成长空间，难以产生溢出效应和交互影响。从农村社区体育组织的管理能力来看，虽然我国农村社区体育组织结构也已形成，但相对于城市社区，农村社区体育组织在农村体育活动开展、体育场所修建、小型体育竞赛和业余训练的组织等方面的管理能力还较弱。

2. 体育活动时间具有随意性和季节性

为了满足农业生产的需要和需求，农村体育活动的时间划分以农业生产为主要标准和依据。因受地域、季节、气候的变化以及动植物的"有机发展规律"的影响，农村的农业生产总是表现出一定的季节性，即"农忙"和"农闲"。同时农村人口密度低，流动较少，农村社区的人口聚居的规模小，而且农民多采取分散式方法从事农业劳动，这给农民参与体育活动的时间带来了不确定性，表现出一定的随意性和季节性。

3. 体育活动内容呈现出传统型和现代型共生的特点

近几年来，农村物质条件的好转，经济体制的改革和农民闲暇时间的增多为农民参加体育活动提供了基本条件。由于各地农民的价值观念、兴趣爱好和社会习俗不同，对体育的需求也不尽相同，所以农民会根据自己的具体情况"各取所需"。我国农村传统体育历史悠久，开展的体育活动较多带有浓厚的乡土气息，如武术、秧歌、舞龙舞狮等，同时也不断地接受西方现代体育活动，如足球、篮球、乒乓球、羽毛球等，这使得农村社区的体育活动呈现出传统型和现代型共生的特点。

4. 农村社区体育活动地域性和民族性差异性显著

体育活动的开展总是要受到地域环境的影响，会与环境相融合形成具有区域特色的体育文化现象。我国国土面积辽阔，南北跨纬度和东西跨经度广、气候差异大，西北地区主要以沙漠、草原、戈壁等为主，地形地貌复杂，气候干旱；西南是世界屋脊青藏高原，海拔高，环境比较恶劣；东北和东南主要以平原和丘陵为主，紧邻海洋、海拔低、冬冷夏热。因各地区农村社区居民处于不同的地形和气候环境之下，生活生产方式差异大，造成他们所参与的体育活动项目千差万别，如内蒙古的牧民喜爱摔跤和骑马、南方的农民喜爱游泳和垂钓。

我国共有 55 个少数民族。每个少数民族的文化特色鲜明，各放异彩，其中就包括内容丰富多彩的体育活动，不但满足了少数民族地区农村社区居民的文化体育活动需求，也为中华民族文化的传承起到了一定的作用，如叼羊、抢长炮、荡秋千、珍珠球、射箭、摔跤等项目都独具特色。

（二）农村社区体育的现状

实践表明，农村社区体育发展的强弱取决于各级政府的重视程度。近年来，我国各级政府对农村社区体育发展的重视程度逐渐提高，并将推动农村社区体育发展作为提高民族素质的一项重要工作内容来抓，坚持"依法行政、依法治体",贯彻和实施《体育法》《全民健身计划纲要》《公共文化体育设施条例》和《农村体育工作暂行规定》等一系列有关农村体育的相关法律和制度精神,不断健全和完善农村体育法治建设,使得农村社区体育发展有法可依、有章可循,积极推动农村社区体育工作的规范化、制度化、科学化和普及化的良性发展。在各级政府的宣传、推动和鼓励下,越来越多的事业单位、社会团体和个人参与到发展农村社会体育的工作中来,通过筹措资金和提供各类资源与各级政府一起来推动农村体育发展。同时,农村社区体育组织网络初见成效。但当前我国农村社区体育发展也存在不容忽视的问题,主要包括以下几个方面。

1. 农村体育场地较为匮乏

当前,我国农村地区在人均拥有的体育场地数量以及经常性参与体育活动的人口比例方面,相较于城市地区仍处于较为落后的状态。

2. 农村经常参加体育锻炼的人数不多

多年来我国现代化建设长期将工业化、城市化放置于优先地位,所以相对于城市,各级政府和社会对农村体育的发展关注度不高,对体育场地设施和体育经费投入较少,从而造成农村社区居民参与体育锻炼的积极性不高。

3. 体育健身意识淡薄

一般来说,主体体育行为的形成受其所属的文化背景和自身文化观念的制约。虽然,我国农村部分地区实现了农业生产的机械化和科学化,但我国农村生产方式基本上还处于以"手工劳动和半机械化"为主的劳动密集型家庭生产经营模式,这种生产经营模式还依赖于自然经济。受长期小农思想和自然经济农耕文化的影响,农民以勤劳肯干为荣,在利益追求和价值取向上本能地对体育活动产生排斥。因而在农村,还有部分农民受传统道德和价值观的影响,参与体育活动常常被视为"游手好闲、不务正业"的活动,甚至被认为是对劳动的逃避和排斥。

4. 农村体育消费水平低

自改革开放以来,乡村社区居民的收入稳步上升,生活质量显著提升,消费能力大幅增强。然而,与城市居民相比,他们的收入和消费水平仍有较大的差异,城乡居民间的收入悬殊甚至有所增加。对于大多数农村社区居民来说,提高体育消费水平将是一个逐渐发展的过程。

5.体育组织建设不健全,缺少社会体育指导员

在体育机构的建设方面,许多乡镇文化站未能有效履行其职责,有些地方甚至没有建立任何形式的体育协会或指导站。即便某些农村社区设立了体育组织,这些组织也往往结构不完善,功能发挥极为有限,通常由村委会或团支部代为管理。大多数乡村社区的体育管理工作人员都是兼任的,很少有专职人员。由于社区体育工作的烦琐性,现有人员难以投入更多精力,且普遍存在素质不高、管理能力不足、专业知识缺乏的问题,同时也急需社会体育指导员。在这样的状况下,乡村社区体育的健康发展面临挑战。目前,我国专门研究乡村社区体育的专家并不多,因此对于推动乡村社区体育发展的指导作用也相对有限。

6.人口迁徙以及人口老龄化阻碍着农村体育的发展

随着社会的变迁,更多的农村青壮年劳动力进城务工,常年不回农村,甚至部分农民落户城市,导致大量的老人和儿童留守农村。这使得许多农村社区居民人口老龄化问题严重,体育工作的开展更为艰难,许多传统体育项目到了后继无人、面临消亡的境况。

## 四、新农村社区体育建设与管理

新农村社区体育作为社会主义新农村建设的一个方面,其建设的状况与发展程度也能够体现出一个乡村的村容村貌等各个方面的建设与发展水平,要求我们不断探索新农村社区体育的发展规律,从实际出发,遵循客观规律,科学地建设与管理新农村社区体育。

### (一)新型农村社区概述

相较于传统农村社区,新型农村社区融合了一些传统特质以及城市社区的特色。这些新特点包括:现代农业成为居民的主要职业,而第二和第

三产业的工资收入也是重要的经济来源；人口规模和密度上升，集中居住趋势取代了分散居住；人口流动性增强，社会同质性减少；城市现代文明和生活方式对农村社区的影响日益显著；农村居民的生活水准、环境和方式与城市社区的差异逐渐缩小。尽管如此，新型农村社区在形成过程、经济构成、人口组成和生活方式等方面仍与城市社区有所区别。鉴于这些差异，新农村社区体育的建设与管理应当考虑其独特性，采取与传统农村和城市社区不同的策略，以探索出一条适合新型农村社区体育发展的道路。

（二）新农村社区体育建设与管理面临的机遇与挑战

从2006年开始，全国各级政府纷纷制订农民体育健身工程方案，成立实施农民健身工程领导小组，并将该项工作列为新农村建设的一项重要内容，甚至作为各级政府年终考核任务，保证农民体育健身工程的顺利实施。2017年，习近平总书记在党的十九大报告中明确提出："广泛开展全民健身活动，加快推进体育强国建设。"农村社区作为开展全民健身活动的重要区域，在提高农民的身体素质、健康水平以及推进体育强国建设过程中将发挥重要的作用，在实现农民对美好生活的向往和促进农村建成小康社会的过程中将具有战略性意义。随着新农村建设的不断深入，农民的生活水平有了质的飞跃。特别是机械化的新型农业生产方式对以"手工劳动和半机械化"为主的传统农业生产方式的革新，不断地提高农村生产效率、提高农民经济收入、增加农民的休闲时间，激发农民对身心健康的需求，使得我国农村社区居民的体育需求呈现出增长快速和多样化的趋势。这些背景为新农村体育的建设与管理提供了良好的机遇。

不过，机遇总会与挑战并存。在新农村社区体育建设与管理的过程当中，存在的挑战主要表现在以下几个方面：首先，农村体育的发展很不平衡，农村社区体育在农村社会主义精神文明中没有发挥应有的作用。其次，政府和社会对推动农村社区体育发展重视不足。再次，税费改革后，政府管理农村体育工作的事权和财权尚未厘清，呈现出财权逐渐向中央及省政府集中，而管理农村体育的事权却逐级下放的趋势，这造成了乡镇政府的财政收入锐减，农村社区体育公共服务无法有效供给。最后，农村社区体育建设与管理的组织体系不够完善,农村社区体育组织的组织能力不足、农村社会体育指导员和体育骨干数量不足。

(三) 新农村社区体育建设和管理内容

1. 新农村社区体育场地设施资源的建设和管理

体育活动开展的特殊性之一是需要一定的体育场地设施,体育场地设施是农村社区体育活动开展的前提条件。当前,我国农村社区体育开展面临的最大困难是体育场地设施的匮乏。体育场地设施的兴建以及日常的维护保养都需要投入大量的经费。尽管国家自开展社会主义新农村建设以来对农村体育设施建设的投入经费不断加大,也取得了显著的成效,但远远不能满足广大农民的体育需求。所以,国家应继续加大对农村体育场地设施建设的扶持力度,划拨专项资金为农村体育场地设施建设提供经费上的保障,并制订相关的法律法规政策切实保障资金专款专用。在国家大力投入的同时,还应寻求"多渠道"的资金筹集机制,发动社会力量,如企业、社会组织、个人等。对于这一部分企业、社会组织、个人可以按照"谁投资、谁受益"的原则给予相应的优惠和回报,以发动社会各界力量共同为农村地区体育场地设施建设做贡献。

随着近年来新农村建设的不断深入,国家对农民体育健身工程的各项投入不断加大,如何科学地管理体育场地设施成为新农村社区体育管理者不得不面临的问题。农村社区体育场地设施资源的管理主要包括以下几方面内容:首先,在体育场地设施的建设规划中应结合当地的实际状况,科学地规划与建设,做到体育场地设施为农民所建,为农民所用,杜绝"面子工程"、铺张浪费,同时尽可能地做到建设内容体现当地的地域特色。其次,在体育场地设施的日常维护中,应做到专人专职,问责到人,定期对体育场地设施进行检修维护,同时加大宣传力度,倡导农民提高保护体育场地器材设施的意识。最后,对体育场地设施的建设和使用情况也应当成立专门的督导小组进行监督,确保体育场地设施建设工程质量,并在使用过程中,制止破坏体育场地设施和杜绝体育场地设施挪作他用等不良现象的发生。

2. 新农村社区体育组织资源的建设和管理内容

目前，我国农村社区体育组织十分不完备，因此，在新农村社区体育组织建设方面应充分发挥县（市、区）等各级体育行政主管部门的推动作用，发展和健全农村社区体育组织的数量和种类，理顺体育组织架构，强化体育组织的职能；结合农村社区的特点，与农村基层管理部门相互协作，密切配合，有计划地发展农村社区体育组织，规范体育组织的管理。同时还应加强农村社区体育组织的宣传、组织、协调等方面的管理工作。在宣传方面，加强宣传国家相关的体育政策，增强农民体育锻炼意识，增强农民参与体育活动的意愿，引导农民进行科学合理的锻炼，展示农村社区体育活动的成果等，体现出社会主义新农村积极健康的村容村貌。在组织方面，做好各类农村社区体育活动的动员，以及开展体育活动时的活动组织、人员组织、场地组织以及活动结束后评估工作组织、经费结算等，充分发挥组织职能，使零散的农村社区体育组织活动规范化、组织化，为各类农村社区体育活动的可持续发展提供保证。在协调方面，通过强化协调作用，正确处理上级主管部门与下级执行部门的关系，保证农村社区体育活动的顺畅开展以及目标的顺利实现。

3. 新农村社区体育人力资源的建设和管理

农村社区体育人力资源通常包括乡镇级和村级体育组织中的体育工作者、社会体育指导员、体育骨干、体育积极分子和体育志愿者等。乡镇级和村级体育组织中的体育工作者是农村社区体育组织管理工作的中坚力量，他们不仅要正确执行国家的方针政策，还要按照实际情况制定可行的政策，同时还必须成为优秀的组织者和领导者，因此，他们需要接受专业培训，通过学习，具备丰富的管理知识、全面的体育活动组织管理能力、广泛的社会活动能力以及熟练的文字和语言表达能力等。其次，加强农村社区体育工作者为农民服务的意识，提高他们的服务水平，做到根据农民的体育需求，设立、健全农村社区体育服务网络，完善农村社区体育服务体系，广泛开展农村社区体育服务，并对农村体育服务的质量进行监督，提高农民的体育生活质量。社会体育指导员是开展体育健身重要的人才资源保证。我国农村社区的社会体育指导员十分匮乏,《2007年公益性国家级社会体育指导员培训工作研讨会会议纪要》中显示,占全国人口近六成的农村,社会体育指导员数量仅占全国社会体育指导员总数的10%。在新农村社区体育建设的过程中,应充分认识到社会体育指导员的作用,并大力发展社会体育指导员队伍。

4. 新农村社区体育文化资源建设和管理

新农村社区体育文化是新农村社区体育建设的重要组成部分,它已经成为农村社区居民生产与生活的基本需求。新农村社区体育文化资源建设和管理要加强三个方面工作:第一,要加强发展农村社区体育的宣传力度。当前,我国农村社区居民的体育锻炼意识淡薄,要转变他们的体育观念,动员他们自觉参加体育锻炼,需要各级政府不断加强宣传工作,同时也可以发动各社会体育组织通过各类媒体宣传发展农村体育的重要意义、宣讲体育锻炼的方法和常识,使得广大农村社区居民认识到参与体育活动对促进国民身体素质、社会文明程度的提高以及构建科学、健康、文明的农村生活方式的重要意义。第二,要加强对我国传统体育文化与西方现代体育文化精华的吸收。首先要加强对现代体育文化的有效吸收。随着农村社会不断现代化,大量的现代文明包括现代体育文化不断融入农民的生活中,有效地满足了农民对现代体育的需求。

此外,我们必须致力于提炼我国农村传统体育文化中的精华,以此来推动这些文化遗产的持续传递和进一步发展。尽管现代文明正不断渗入乡村社会,但农民对于传统体育文化的深厚感情依然根深蒂固。

## 第三节 城镇社区体育

我国城镇社区体育是联系城市社区和农村社区体育发展的桥梁。城镇社区体育既具有城市社区体育的特点和功能，又与农村社区体育保持着较强的联系，体现着城乡体育两种文化的结合与交融，它既可以作为包括体育在内的城市社区生活方式向农村辐射的接点，又可以作为拉动农村社区体育发展的支点。

### 一、城镇社区和城镇社区体育概述

城市化是随着工业化的进程而展开的自然历史现象，其中非农业活动集中在城镇地区，农村居民纷纷迁往城市。这一过程反映了人类社会的进步趋势，并且是国家步入现代化阶段的关键指标。自改革开放以来，我国的城镇化经历了一个起步较晚但发展迅速的阶段。

（一）城镇社区概述

城市通常是指居民点，其居民主要以非农业工作为生，并拥有一定规模的工业和商业活动。城市一般包括城市和建制镇（包括集市镇）。鉴于本章前文已经讨论过城市社区体育，此处的城市特指建制镇（包括集市镇）。

1. 城镇社区的概念

"城镇社区"指的是建制镇（含集镇）社区，是兼具农村社区和城市社区某些成分与特征的过渡性社区。它是农村和城市相互影响的一个中介。按照费孝通先生的说法，它是一种"比农村社区高一层次的社会实体的存在，这种社会实体是以一批并不从事农业生产劳动的人口为主体组成的社区。从地域、人口、经济、环境等因素看，它们既具有与农村社区相异的特点,又与周围的农村保持着不可缺少的联系"。因此,城镇社区是连接城市社区和农村社区的桥梁和枢纽,是较小的地域范围内的政治、经济、文化、社会活动中心和居民聚集体。

2. 城镇社区的特征

(1) 城镇社区经济。城镇社区经济是兼容城乡产业的多元化集镇经济。经过近40年的改革,我国集镇经济有了很大的发展,许多集镇利用自己的自然资源和区位优势,发展旅游业、加工业、养殖业等多元经济,这些集镇经济往往兼有城乡产业的特点,成为我国社会主义市场经济的重要组成部分。一些发达地区兴办的集镇企业,也成为我国一种有特色的经济成分,集镇企业大都是依靠农村集体经济积累和农民自筹资金建设起来的,这些企业产权明晰、自主经营、自负盈亏,经营机制灵活,是市场的独立主体。多种经济成分的集镇企业为市场提供产品和服务,为地方政府提供税收,为当地居民提供就业,已经成为集镇经济发展的主导力量。但是,这种企业大都规模较小,生产技术比较落后,在缺乏有效监管的情况下,会表现出冲击市场秩序和破坏环境的无序性和盲目性。

(2) 城镇社区人口。从人口的规模及密度来说,城镇社区人口明显大于和高于农村社区人口,明显小于和低于城市社区人口。从人口的质量来说,城镇社区居民受教育程度和文化素质明显优于农村社区居民而弱于城市社区居民,身体素质则难以定出优劣,关键在于医疗卫生保健体系及水平。从人口的结构来说,由于分工程度的不同,城镇社区从事不同职业的居民数量及比例关系比农村社区要复杂得多,比城市社区则较简单化。从人口的流动情况来看,流动的数量和节奏要远大于农村社区。随着市场经济的发展和农村剩余劳动力人口的增加,城镇社区的开放度大大提高,一部分农村剩余劳动力必然涌进城镇和城市寻求新的发展机会,而其他城镇社区居民也可能因各种缘由流入其他的城镇。这样,城镇社区人口的数量与规模必然扩大,人口的流动性和异质性也会大大增强。值得一提的是,近年来我国一些省份和地区,为发展本地经济和解决农村剩余劳动力问题,循着工业化、现代化进程中城镇化、城市化的思路,有组织地建设起一些离土离乡的移民型城镇社区，是一种全新的社区发展思路。

（3）城镇社区基层组织。与农村社区相比，城镇社区的社会群体和组织机构具有较新的内涵和构成。城镇社区由于其经济发展水平和社会分工程度要高于农村社区，居民之间异质性明显，因而就需要一系列与经济社会发展相适应的政治、经济、社会、教育、文化等组织和团体规章制度，凭借它们来有效整合居民及其社群的交往关系。城镇的社会管理机构是正式的地方政权组织，党政机构健全，不同于农村村民自治组织。当然，其组织门类不如城市完善，组织的构成不如城市复杂，运用法律法规及相关规章制度整合、控制社会的能力，一般也不如城市那么强。

就社会群体来说，除了家庭和邻里外，城镇社区还产生了一些新的因职业相同、爱好相同等组成的社会团体，如舞蹈协会、桥牌协会和书法协会等。即使是家庭和邻里，在城镇社区和农村社区的关系及表现形式也不尽相同。

（二）城镇社区体育概述

城市社区体育是城市体育的重要组成部分，它在提升城市社区居民的体育文化素质、提高他们的物质文化生活质量以及维护城市社区居民的社会心理健康方面起着重要作用。

城镇社区体育可被定义为：在城镇社区的地理边界内，充分利用社区自身及周边的自然资源和体育基础设施，以所有社区居民为核心参与者，旨在迎合居民的体育锻炼需求，促进居民身心健康，增强社区凝聚力和情感联系，所实施的地方性、便捷可达的群体体育活动。

## 二、城镇社区体育组织结构与职能

（一）城镇社区体育组织结构和特点

1. 城镇社区体育组织结构

随着城镇社区经济的快速发展，居民生活水平和文化教育程度的提高，越来越多的城镇社区居民认识到体育不仅能强身健体，而且在改善生活方式、提高生活质量方面具有重要意义,他们以地缘关系为纽带自发、自愿集结成体育组织进行活动。目前,城镇社区基本形成了社区体育行政机构、社区体育组织共同参与管理社区体育的良好局面。但由于网络化的城镇社区体育管理体制和组织结构尚未完全建立,体育社会化程度较低,所以城镇社区体育活动的开展仍以行政手段为主要特征,较多地依赖基层政府。

目前,我国城镇社区体育的组织管理体系主要包括行政机构对城镇社区体育的管理以及城镇社区基层内部的体育自我管理两个层次。县全民健身领导小组、县体育行政部门、镇政府、镇全民健身领导小组、镇文体站和镇社区居委会等构成了行政机构对城镇社区体育的行政管理——领导系统;县、镇两级的共青团、妇联、体育协会和城镇社区居民体育小组等辅助领导系统对县级单项体育协会和城镇社区内各单项体育协会、体育俱乐部、晨晚练活动点、体育辅导站、体育服务中心等自发体育组织进行协调管理——协调系统。由于镇政府隶属于县政府管辖,所以在县级全民健身领导小组、体育行政部门、共青团、妇联、体育协会、单项体育协会下面分别有镇级相应单位受其业务领导。而城镇社区内各单项体育协会、体育俱乐部、晨晚练活动点、体育辅导站、体育服务中心等自发体育组织成为具体落实各项社区体育活动开展的最基层社区体育组织,构成了操作系统。其中协调系统与操作系统共同形成了对城镇社区基层内部的体育自我管理。

2. 城镇社区体育组织的特点

(1) 社区建设中既有行政参与也有群众参与,但行政特征较为突出。政府在全球各地的社区发展中扮演着核心角色,在中国这一现象更为显著。

(2) 城镇社区体育组织管理既有人治又有法治,但人治色彩较浓。从城镇社区体育组织管理体系来看,往往是人治和法治并存,当人治与法治发生冲突时,法治的力量往往会弱于人治。人治与法治的矛盾以及以人治代替法治、以权力代替法律的现象常常出现在当前的城镇社区体育组织管理中。

（3）城镇社区体育作为城镇文化的重要组成部分，其组织管理也体现出城镇文化组织管理的特点。城镇文化既有现代城市文明和全球现代文化形态的影响，又保留了许多传统元素，体现了现代性与传统性、开放性与保守性的冲突与融合。

（二）城镇社区体育组织职能

目前，城镇社区体育横向上突破了过去群众体育"以单位为主，以条为主"的旧的管理体制，纵向上使群众体育深入每个城镇社区，促进了"条块结合，以块为主"的新型网络化城镇社区体育管理体制的形成。本节将从城镇社区体育管理组织体系的领导系统、协调系统和操作系统三个部分分别阐述其职能。

1. 领导系统的职能

领导系统的主要职能是对城镇的体育工作进行规划、组织；年初制订体育工作计划，体育经费预算等；组织体育比赛和组队参加上级体育比赛；进行全民健身的宣传；协调各体育协会的工作并协助各体育协会管理经常性体育活动；负责同上级体育行政组织联系，接受上级行政组织的考核；等等。

2. 协调系统的职能

县、镇两级的共青团、妇联、体育协会和城镇社区居民体育小组等协助领导系统管理城镇社区经常性的体育活动；以开展经常性体育服务、活动为主，是社区体育行政机构与居民间的中介；协调城镇社区体育组织之间的关系；培育城镇社区体育组织；具体负责城镇社区大规模体育活动。

3. 操作系统的职能

操作系统的主要职能是带领城镇社区居民从事日常性的社区体育活动。城镇社区内各单项体育协会、体育俱乐部、晨晚练活动点、体育辅导站、体育服务中心等自发体育组织一般无规章制度，来参加锻炼的人完全以自愿为原则，锻炼计划、锻炼时间和方式等方面由参与者协商决定，管理较松散。

## 三、城镇社区体育的特点和现状

### (一) 城镇社区体育的特点

1. 相比农村社区，城镇社区体育出现一定的阶层差异

随着我国市场经济体制的逐步确立，社会结构发生了显著变化，城镇居民出现了不同程度的阶层分化。

2. 城镇社区体育是农村社区体育连接城市社区体育的纽带

农村是我国传统体育文化的发源地。城镇社区地处农村社区和城市社区的连接处，很多城镇社区居民来自农村，因而，城镇社区有开展传统体育的天然优势。同时，随着我国对城镇建设的重视，城市化、城乡一体化进程加快，不仅促进了大量现代体育活动通过城镇社区进入农村社区，而且也促进了城镇社区体育逐渐向城市社区体育模式靠拢，呈现出同质化方向发展的趋势，构成了我国体育发展的新格局。

3. 城镇社区体育发展存在地域不平衡

从城镇的地域分布来看，我国城镇社区体育发展具有地域不平衡性。客观地讲，经济发展水平、自然环境、文化传统等都对体育发展产生了直接或间接的影响。一般而言，经济发展水平较高的地区，社会发展指标都比较高，体育发展也不例外，如东部省份的城镇社区体育发展水平要好于中西部省份；经济较发达的城镇社区体育发展要好于经济欠发达城镇社区。

### (二) 城镇社区体育的现状

1. 城镇社区居民体育锻炼意识不断增强

随着我国经济的飞速发展，城镇社区居民的经济收入和生活品质显著提升，城镇社区居民体育锻炼意识不断增强。

2. 城镇社区居民体育消费呈多元化趋势

随着国家对城镇建设的持续加强和城乡一体化的加速推进，城镇经济

已经迈上了新的阶段。城镇社区居民的生活和工作方式的现代化程度不断提升，尤其是在价值观、思维模式、行为习惯和消费能力（包括体育消费）等方面都发生了显著变化。

3. 城镇社区体育场地和设施缺乏

体育场地和设施是开展社区体育的物质条件，同时也是城镇社区建设不可缺少的组成部分，是完善城镇社区居住环境必不可少的方面。从目前全国城镇社区的体育场地和设施建设来看，虽然近年来，国家增加了全民健身路径和农民体育健身工程的投入，城镇社区的体育场地和设施缺少情况有所缓解，但相较于城镇社区居民日益增长的多元化体育需求来看，目前我国城镇社区体育场地和设施无论在品种还是数量上都是不足的。

4. 城镇社区体育社会化程度不高

随着我国对城镇建设的关注加深以及城乡一体化的步伐加快，个人的经济条件、体育价值观、思维和行为模式都发生了变化，这些变化影响了政府在城镇体育事业和体育设施建设方面的投入以及人们的体育消费水平。目前城镇社区体育的参与仍以分散、自发和小规模的形式为主，管理主要依赖行政手段和基层政府。与城市社区相比，城镇社区的文体站配备的体育专职干部和社会体育指导员数量极少，难以满足城镇社区居民日益增长和多样化的体育需求。特别是民间体育社团、经营性体育场所和晨晚练点等的数量有限，导致城镇社区体育的社会化程度不高。值得注意的是，虽然我国大多数城镇社区都配备了社会体育指导员，但他们的技术级别偏低、年龄偏大、业务素质不高，这在一定程度上反映出政府对发展城镇社区体育的重视不够，组织管理不完善、不到位。因此，需要各级政府加大对城镇社区体育的关注，并加大对其组织管理工作的力度。

## 四、新型城镇化进程中的社区体育建设与管理

（一）新型城镇化含义

随着我国现代化建设的不断推进和城乡一体化进程的不断加快，大量

农村人口作为重要的人力资源不断涌入城市（包括城镇），造成城市（包括城镇）人口长期处于流动状态，并使得我国城镇社区在新时期面临着众多复杂的社会问题，这需要各级政府和社会投入更多人力、财力、物力和政策等资源以推动城镇社区建设大发展、大繁荣。2012年12月15至16日，中央经济工作会议提出"积极稳妥推进城镇化，着力提高城镇化质量"。2014年3月，《国家新型城镇化规划（2014—2020年）》（以下简称《规划》）正式发布，《规划》的实施是要努力走出一条以人为本、四化同步、优化布局、生态文明、文化传承的中国特色新型城镇化道路，对全面建成小康社会、加快推进社会主义现代化具有重大现实意义和深远历史意义。新型城镇化内涵主要是新型城镇化进程要坚持以人为本，以新型工业化为动力，以统筹兼顾为原则，推动城市现代化、城市集群化、城市生态化、农村城镇化，全面提升城镇化的质量和水平，走科学发展、集约高效、功能完善、环境友好、社会和谐、个性鲜明、城乡一体、大中小城市和小城镇协调发展的城镇化建设道路。

（二）加强城镇社区体育建设的意义

新型城镇化建设进程中，社区体育建设是城镇社区服务发展到一定阶段的产物，也是构建社会主义和谐社会的基础平台之一。因此，不断加强城镇社区体育建设对加快新型城镇化进程具有重要意义。

1. 构建城镇和谐社会、维护城镇社会稳定

新型城镇化进程中，农村人口非农业化转移，大量农村剩余劳动力涌入城镇，引起社会结构的剧烈震荡；现代社会竞争激烈，生活成本高，社会各阶层在经济收入、教育、政治等方面差距越来越大，一系列社会冲突问题不断出现，增加了社会的不安定因素。同时，体育活动强调人与人之间的平等交流与合作、公平竞争、团队精神，注重自信感和荣誉感的建立，可以促进和维持人类关系的稳定和和谐，有助于形成良好的人际关系。目前，体育在文化、教育、休闲娱乐、亲和、自我实现等方面的价值逐渐被现代社会的人们所重视，使得它在人们生活中所处的比重越来越

大，并且与健康、休闲、娱乐、社会交往融为一体，成为一种健康、科学、文明的生活方式，成为缓和社会矛盾和释放社会冲突压力的重要"释压阀"之一。因此，在新型城镇化进程中，社区体育对构建城镇和谐社会、维护城镇社会稳定有着重要的意义。

2. 实现人的全面发展，推动城镇经济建设

参与体育活动，可以促进人在身体、心理和社会三个方面的健康，从而降低发病率和死亡率、提高劳动者的生产积极性和劳动热情、提高劳动生产效率、强化团队意识和增强协作精神，间接实现对经济生产活动的帮助。此外，体育活动的开展必然有利于社会体育产业部门的经营活动，如一些居民常常会到社区附近的经营性羽毛球馆进行消费，参与羽毛球活动和购买羽毛球装备等，可见城镇社区居民参与体育活动可以成为促进我国城镇体育产业发展的重要力量。同时，因其对体育产业的有效推动，又间接地增加了我国城镇社区居民的就业机会。

（三）城镇社区体育建设和管理内容

社区体育建设是指在党和政府的引导下，通过社区的力量和资源，增强社区的功能，解决社区体育的问题，推动社区体育与社区的政治、经济、文化、环境的协调和健康发展，持续提升社区成员的体育生活水平和质量的过程。本书将城镇社区体育建设和管理的内容界定在社区体育组织、社区体育指导员、社区体育经费、体育场地设施、社区大中型体育活动和竞赛、体育活动点六个方面。

1. 城镇社区体育组织建设和管理

城镇社区体育组织是地方性体育组织，它以贴近生活实际、联络社会感情等为主要特征。加强社区体育组织建设有利于加快城镇化进程。社区体育组织建设内容主要包括以下几个方面：一是组织机构上，由县全民健身领导小组、县体育行政部门、镇政府牵头，与镇全民健身领导小组、镇文体站、镇社区居委会共同形成城镇社区体育的领导系统，全面领导城镇社区体育活动的开展；县、镇两级的共青团、妇联、体育协会和城镇社区

居民体育小组等作为协调系统协助领导系统，完成对城镇各级单项体育协会和体育活动点等操作系统的组织和管理，为城镇社区体育的普及化、生活化提供组织保障。二是建立科学的管理机制。城镇社区体育组织要正常运作，就必须有专人分工负责活动实施、财务管理、后勤保障等；同时政府、社区内部以及社区体育组织的体育管理要有规章制度，这样才能使社区体育活动纳入规范化轨道，使社区体育得到迅速发展。三是制订长期、中期、短期发展计划，确定城镇社区体育的发展目标，同时社区体育工作计划要与社区服务总体规划及市、县体育发展规划相一致，要切合实际，注重可行性和科学性。

2. 城镇社区社会体育指导员的培养

社会体育指导员是推动城镇社区体育开展的重要人力资源。虽然城镇社区基本上都有社会体育指导员，但其数量非常有限。为了解决城镇社区社会体育指导员稀缺问题，一方面应建立和制定相应的法规制度，实现对城镇社区体育工作制度化、科学化的管理，构建城镇社区体育指导员队伍的工作检查与评估制度，明确城镇社区社会体育指导员在社区体育指导工作中的地位和作用。另一方面政府应将更多的人力、物力和财力投入城镇社区社会体育指导员培训中，做好城镇社区社会体育指导员队伍的培训工作。体育行政部门应多开设针对城镇的社会体育指导员课程培训班，或者带领专家到城镇社区对体育积极分子、体育骨干等进行社会体育指导员课程培训，并鼓励城市社会指导员利用闲暇时间参与和协助指导城镇社区体育活动。

3. 拓宽城镇社区体育经费渠道

拓宽城镇社区体育经费渠道的目的是广辟资金渠道，有效筹集和合理分配资金，更好地促进城镇社区体育的发展。拓宽城镇社区体育经费渠道可以从以下几个方面着手：一是发挥自身造血功能。虽然社区体育组织是非营利组织，其营利方面有局限性，但为了弥补人员劳务费、场地维修费、材料费等成本支出，适当收取一定费用是可以的。目前来看，我国在社区体育组织收取成本消耗费方面基本上采取三种形式，即会费收入、体育有偿服务和体育经营活动。二是通过互利活动，获得社区有关企事业单位的赞助。三是动员社区成员捐助来支持社区体育活动的开展。四是积极争取政府有关部门的经费支持。

4. 城镇社区体育场地设施的建设和管理

加强城镇社区体育设施建设可以为社区体育发展提供更好的体育硬件条件。在加强体育场地设施建设方面可以采取以下策略：一是对社区体育场地设施进行科学规划；二是广辟资金渠道，争取资金，加大对城镇社区体育场地的建设力度；三是提高体育设施的使用效率；四是利用社区公共用地资源设置体育设施；五是开发社区体育场地设施多功能化。

城镇社区公共体育场地设施是社区内的公共财产，是城镇社区建设的一部分，每个城镇、社区居委会和社区基层体育组织以及居民都有保护设施的义务。对此，应制定制度，依法加强公共体育设施的管理。

5. 城镇社区大中型体育活动的建设和管理

加强城镇社区大中型体育活动的建设，有利于推进城镇社区体育活动健康、科学和有序的开展。城镇社区体育活动和竞赛的组织主要包括以下几个方面：成立筹备委员会，制订组织方案；加强经费预算管理；确定组织方案、活动日程和活动规程；严明纪律、奖励先进；等等。

6. 体育活动点的建设和管理

体育活动点建设和管理应做到以下几点：制订体育活动点管理办法；做好体育活动点的管理工作；做好活动点指导员的选拔工作；加强活动点之间的比赛交流；解决好活动点场地方面的问题；做好宣传教育工作；等等。

# 第四章 社区体育工作概述

社区体育工作是社区体育发展的必然产物。社区体育在蓬勃发展的同时，也面临着诸多现实问题。这些问题的解决需要运用专业的技术和方法，调动和利用社区的各种资源，以促进社区体育的健康发展，满足社区居民多样化的体育需求。本章主要就社区体育工作的内涵、功能、目标、原则等方面的内容进行阐述。通过本章的学习，读者将对社区体育工作有一个整体性的了解。

## 第一节 社区体育工作的对象与功能

由于我国社区研究开展得较晚，社区社会工作研究也处于起步阶段，社区体育的研究从1995年以后才开始兴起，研究的内容主要为社区体育的界定、社区体育的发展模式、社区体育的管理和现状研究，对社区体育工作关注很少。随着社区体育研究的进一步发展，根据目前我国社区体育发展的状况，引进社区体育工作十分必要。我国社区体育的研究框架和理论基础已基本确定，目前需要对社区体育进行更新、更细致的分析研究，社区体育工作不失为一个很好的切入点。与此同时，社区体育在全国蓬勃开展，也面临着很多问题和挑战，如社区体育组织的建设，社区体育活动的开展，社区体育指导，场地设施的建设、保养和使用，社区体育的管理，社区成员的参与，社区体育意识的培养等。这些问题的解决需要专业性的指导和帮助，越来越凸显推动和做好社区体育工作的必要性和紧迫性。

## 一、社区社会工作

社区工作的界定与社区的界定一样，是一个充满争论的概念，没有人们一致认可的含义。在不同国家、不同的历史时期，有着不同的内涵和形式。从内涵看，社区组织、社区发展与社区社会工作三个概念比较接近，经常被作为内涵相似的概念互换使用。不过从历史起源看，先有社区组织，而后才有社区发展以及结合前两者的社区社会工作。在西方社区社会工作的发展历程中，早期人们往往使用社区组织的概念。最初始于一些慈善组织在城市里开展的活动，当时一般称为社区组织工作，又简称为社区组织。这一运动的目的之一是协调各慈善团体与救济机构的工作，起源可追溯到18世纪末德国汉堡制和爱尔伯福制两种济贫制度出台后所引发的社会运动，以及19世纪末英美慈善组织会社和睦邻组织运动的发展，重点放在解决工业化都市中的社会问题、满足都市居民的需求上。第二次世界大战后，人们开始使用社区发展的概念，重点在于促进乡村社区经济的进步，满足乡村人民发展经济、改善生活的需求，社区工作和社区发展虽有差异，但实质并无不同。后来这两个概念逐渐被社区社会工作所取代。

## 二、社区体育工作的内涵与意义

### （一）社区体育工作的内涵

结合国内学者对社区工作的定义以及我国社区体育的实际情况，社区体育工作主要包括以下内涵：社区体育工作的主要内容是解决社区内的各种体育问题，如场地、开展活动、体育技能的指导、培训和组织管理等问题，还有关于社区居民体育意识等精神方面的问题；社区体育工作的主要目标是促进社区体育的顺利发展，满足社区成员的体育需求，提高社区居民的身心健康水平，从而增强社区的凝聚力，促进社区的发展；社区体育工作的关键是培养居民的内在体育动机和自觉的体育参与意识，并保持居民自觉参与体育的欲望；社区体育工作不同于社区体育实践，它是为社区居民的体育实践提供帮助和服务的。

## (二)社区体育工作的意义

社区体育工作是社区工作的一个重要组成部分。随着我国人民体育需求的不断增长和社区体育的蓬勃发展,社区体育工作作为社会工作的基本方法和推广全民健身的重要手段,越来越受到社会各界与各级政府的重视。

新时期,我国的社会体育工作具有大发展的社会环境与广泛的社会需求。随着政府职能转换、企业社会职能的剥离,"单位人"越来越多地变为"社会人",大量与居民相关的公益性体育事务,都要靠社区来解决,社区成为城市群众体育工作的基础。同时,社区体育在经济转轨、社会转型与经济社会发展中出现了一些新问题,如缺乏科学的组织和指导、场地设施利用率不高、社区体育组织力量相对薄弱、重投入轻效果等问题。政府需要社区体育工作者通过大量的专门工作去具体解决这些问题,以适应社区体育发展的需要。由此可见,社区体育工作具有重大的现实意义和深远的历史意义。

1.社区体育工作将使社区体育工作者成为政府的有力助手

由于政府人力有限,社区体育工作者无疑会成为政府的有力助手,在社区体育的组织管理、科学指导方面充当积极的角色,将成为一只看得见的、有形的手与政府齐心协力往前走。

2.社区工作将促进政府确立公共体育服务理念

社区体育服务的发展,社区体育工作专业化的发育与成长,都离不开政府的政策支持,这首先要求政府领导树立公共体育服务理念,建立公共财政体系,引入社区体育工作制度。

3.社区体育工作将提供良好的体育服务

社区体育工作的主要任务就是为社区居民提供活动开展,体育技能的指导、培训等各种专业性较强的服务,促进社区体育的顺利发展,满足社区成员的体育需求,增进社区居民的身心健康。

4. 社区体育工作将促进社区体育工作队伍的专业化

由于社区体育工作富有成效地开展，培养了社区体育工作者的能力，大大提高了社区体育工作者的声望，从而可以有力地促进社区体育工作队伍的专业化。

### 三、社区体育工作的对象

社区体育工作的目标和性质决定了它特定的对象，并且可以发挥具体的社会功能。社区体育工作对象的确定是社区体育工作顺利开展和目标实现的前提，同时也是发挥社区体育工作功能的前提。社区体育工作的对象就是整个社区体育，包括方方面面，从社区体育的硬件环境到社区体育管理、文化等软性环境。因为社区体育的载体是整个社区，而社区就是由聚居在某一地域中的社会群体、社会组织所形成的一个在社会互动中彼此关联的社会实体，在这个实体当中，有一定的人口，有一定的服务设施，有特定的文化，社区成员有一定的归属感。作为生存在社区中的社区体育，它的工作对象也必然要涉及这些内容，根据它们存在的形式，本书将社区体育工作的对象分成以下三部分。

一是社区体育的物质环境。社区体育的物质环境主要指社区内体育发展可以利用的自然环境和已有的场地设施、经费等，如社区内的湖泊、山地和公园等就可以因地制宜地开展一些活动；社区内体育设施的建设、维修；社区体育经费的来源。社区体育工作通过专业的工作过程来解决这些物质性对象在社区体育发展过程中出现的问题。

二是社区内的居民。社区居民是社区体育的主体，也是社区体育工作的主要对象。社区体育工作以居民为对象主要是解决在社区体育发展过程中居民参与体育活动、居民体育意识、体育组织建设、体育活动开展、社区体育指导员培养、社区体育管理等直接与社区居民相关的体育问题。

三是社区体育的软性环境。社区体育的软性环境主要有社区体育文化、社区体育关系（体育部门与社区内其他相关部门和组织的联系）、社区体育的规章制度建设等，社区体育工作通过对这些对象的专业工作，为社区体育发展提供了一个良好的文化制度氛围。

当前社区体育工作在中国社区体育发展中还没有发挥应有的作用，社区体育工作对象的确定将为社区体育工作的开展奠定基础，从而促进社区体育的发展。

### 四、社区体育工作的功能

从学理上讲，功能分析被社会学界公认为是解释社会研究材料最为有效和最有前途的方法或工具。有学者认为，对"社会功能"的理解主要有三种：一是立足社会成员需求的满足程度，把"满足需要"作为界定社会功能的尺度；二是立足人们的社会关系，考察容纳于社会关系中的人际交往的行动和行为功能；三是立足于社会结构，考察构成社会结构的诸要素的功能以及诸要素相互作用而产生的整体性功能。

社区体育工作的功能随着社区体育发展、社区体育工作的进展和人们对社区体育工作的认识而不断深化。社区体育发展包括社区体育活动开展、体育组织建设、体育文化建设、体育设施建设、体育管理、体育骨干力量培养等多方面内容。以社区体育为对象的社区体育工作，主要功能就是为社区居民的体育需求服务，调整社区内各部分体育关系，充分利用社区内的体育资源，解决社区内的体育问题，促进社区体育的发展，增强社区居民的体质和社区归属感。

结合我国目前社区体育发展及社区体育工作中所面对的现实情况，将社区体育工作的功能总结为以下几点。

#### （一）社区体育服务功能

社区体育工作的服务功能主要指社区体育工作者运用体育方面的专业知识、方法和技巧等进行社区体育分析和诊断，向社区提供专业性的体育服务。当前，我国社区体育服务的核心目标是通过基础体育设施来满足社区居民的日常体育需求。社区体育服务以物质环境为依托，以各种健身活动为核心，为确保居民健身活动的顺利进行，目前主要从社区体育设施、组织、指导、信息和管理等方面展开。社区体育服务的内容应根据当地实际情况和经济社会发展水平进行调整，因地制宜，从群众迫切需要的健身内容入手；此外，社区体育服务的内容是一个不断变化的过程，随着经济和社会的发展，社区居民对体育服务的需求也在不断变化，这就要求我们社区体育工作者根据实际情况不断总结经验，充实和完善社区体育服务的内容。

（二）整合社区体育资源功能

在社区体育工作的目标中，往往要涉及社区体育资源合理利用的问题。社区既是人们生活居住的地点，也是人们社会交往的场所，不同的社会群体和个体都有其特殊的交往圈，因而存在着广泛的社区资源，其中当然包括社区体育资源。社区体育资源是社区中存在的对于社区体育人群或组织来说所有可利用财富的总和，它既可以是物质的，也可以是精神的；可以是直接获得的，也可以是通过中介才能拥有和利用的。社区体育工作者就是要通过专业、认真细致的工作在整体上把社区的体育资源加以合理的配置和利用，以发挥社区体育资源最大的经济和社会效益。

社区体育工作者需要通过一定的方法和技巧来发现和寻找各种资源，以推动社区体育的发展；社区体育工作者不光要发现和寻找各种可利用的体育资源，更重要的是如何合理地利用这些资源有效完成社区体育工作的任务和目标。

（三）沟通人际关系功能

在当代新兴的住宅区里，居民的背景多元，价值观、生活方式及日常习惯的多样性导致了人际交流的局限，有时甚至引发人与人之间的疏离和孤独感，这一现象在中老年群体中更为显著，因为他们日常生活的主要场景即为社区。社区体育活动以其独特的社交属性作为桥梁，通过体育锻炼的共同体验，有效激发了社区内各个年龄层和不同背景人士的参与热情，促进了价值观念与行为模式的相互理解和调适，从而为构建和谐融洽的社区社会关系奠定了基础，有助于缓解潜在的社会矛盾和平衡各方利益。

在持续的体育活动中，逐步孕育并固化了一套群体性的行为准则，这些准则无形中指引着社区成员遵守共同认可的行为规范,增强了社区的凝聚力和归属感。体育不仅是一种身体锻炼的方式,更成了社区文化的一部分,通过体育活动塑造的集体记忆和共享经验,进一步加深了居民之间的联系,为打造健康、活力、和谐的社区环境贡献了重要力量。

(四)凝聚社区体育人群功能

强化社区体育的向心力,关键在于通过精心设计的社区体育活动,激发居民对体育运动的热爱,提振他们主动参与社区体育项目的积极性。社区成员在共同参与体育锻炼的过程中构建起彼此间的联系,展开互动,这种频繁的交流将逐步培育出一套为众人所接受的核心价值观、一致的行为模式以及强烈的社区归属感,从而凝聚人心,增强集体的团结协作精神。反之,社区体育活动因能够满足居民多元化的需求,又会反过来刺激更多居民积极参与,形成良性循环,不断提升社区体育活动的吸引力和居民的参与热情。

社区体育工作者要让社区居民明白社区体育是所有社区成员相互依存的重要内容,社区体育的最终目的是更好地满足社区成员共同的体育需求,每个社区成员在享受社区体育发展成果的同时,也都有参与社区体育发展的义务,只有这样才能更好地发挥社区体育工作的凝聚功能。同时,还要注重调动社区内各单位和组织参与社区体育活动的积极性,因为社区单位和组织有着无可比拟的资源优势,他们的参与对切实有效地解决社区体育的具体困难有重要意义,必须让他们融入发展社区体育的活动中,并充分发挥各自的优势。

# 第二节 社区体育工作的目标与原则

## 一、社区体育工作的目标

所谓社区体育工作的目标，就是通过具体的、有计划的社区体育工作，解决客观存在的影响社区体育发展的各种问题，满足社区居民的体育需求，以促进社区体育的发展。

(一) 社区体育工作的总体目标和具体目标

从社区体育工作目标的定义出发，结合社区实际，社区体育工作的目标需要首先明确总体目标和具体目标。

1. 社区体育工作总体目标

社区体育工作的总体目标需要根据整个社区的实际情况，从如何谋划社区体育发展，满足社区居民体育需求入手，着眼于整个社区。

在国际上，学者们将社区社会工作的目标大致分为"任务目标"和"过程目标"两类。任务目标主要关注解决特定的社会问题和增加社会福利，包括完成具体的社会任务、实现福利目标和满足社区需求等。实际上，社区社会工作的大部分内容都在解决不断出现的社会问题。而过程目标则是为了实现总体目标而进行的必要工作，包括提高社区工作者的能力、建立不同群体和组织的合作关系、发展社区成员参与事务以及提升居民素质等。通常认为，任务目标就是社区社会工作的总体目标。

根据这种分类，我们可以将社区体育工作的总体目标定位在任务目标上，即实现社区体育的各项目标、满足居民的体育需求并促进社区体育的发展。结合我国当前社区体育的实际情况，社区体育工作的总体目标可以概括为以下几点：以全体社区成员为对象，重点解决影响居民日常参与体育活动的社会问题；加强社区体育的物质设施和环境建设与利用，推动社区体育活动的开展；努力整合社区体育资源，为社区体育创造良好的生存和发展空间。

社区体育工作不仅仅是对社区体育的一些表层的帮助，如培养几个体育指导员、建几套体育设施，更是与整个社区体育发展乃至社区发展息息相关的，要与整个社区体育发展、社区发展相结合。社区体育工作总体目标的定位不能仅停留在"建场地""成立组织"和"开展活动"等低层次方面，而必须从宏观上来确定社区体育工作要解决的问题和走向。由此，才能既解决社区体育发展中的具体问题，又促进社区体育与社区的和谐发展。

2. 社区体育工作的具体目标

社区体育的发展需要各方面的共同努力，其中也包括社区体育工作，社区体育工作需要通过具体的目标来实现且目标制订需要遵循一定的原则：第一是追求社区体育的发展；第二是以人为本，社区体育工作的具体目标最终要指向社区居民，满足社区居民的体育需求；第三是争取社区居民的积极参与，社区居民的参与是社区体育工作成功的重要保证；第四是要实事求是且有层次地制订社区体育工作的具体目标。

除了要遵循一定的原则外，制订社区体育工作的具体目标还需要根据社会不同的发展时期以及社区体育不断出现的新问题来统筹考虑。也就是要把社区体育工作的具体目标当成一个动态的过程，随时根据新情况变化更新。具体来看，主要有以下几个方面。

（1）社区体育活动的开展。这主要指各项体育活动的进行，包括定期举行的社区体育运动会和日常体育活动，以及居民的体育指导活动和社区体育骨干的培训活动。社区体育活动的开展是社区体育发展的中心内容。

（2）社区体育场地设施和物质环境的建设。这主要是指社区根据自身的能力以及国家政府的资助进行社区体育场地设施的建设，同时还有整个社区的体育物质环境的改善。社区体育的物质设施建设是社区体育发展的关键。

(3) 社区体育组织的建设。社区体育组织要有各种项目活动组织（社区体协、项目小组、晨晚练点等）、社区体育指导员或骨干力量组织以及管理组织。

(4) 社区体育文化的建设。这是指通过特色的社区体育活动和体育宣传来形成社区特有的体育氛围，从而树立健康的生活方式，是社区体育发展有力的促进因素。

(5) 社区体育资源的利用。这是指对社区内的各种体育设施（包括学校、厂矿、部队和机关等的体育设施）、社会关系（与各级管理部门、企事业单位等）以及地理环境等综合因素加以整合利用，是社区体育发展的重要途径。

社区体育工作具体目标的制订，是由社区的客观实际所决定的。因此，要从较为宏观的层次，更确切地说是中观层次，来给出社区体育工作几个主要方面的内容，并以此来制订社区体育工作的具体目标。另外，中观层次的社区体育工作目标有利于联系社区体育发展、社区体育管理和社区发展，从而把社区体育工作纳入整个社区体育发展乃至整个社区发展中，使社区体育工作上一个新的台阶。

## （二）社区体育工作的长期目标和近期目标

从管理学的角度来说，制订和确立社区体育工作目标是社区体育工作走向规范化、科学化的第一步，有了科学明确的社区体育工作目标可以提高社区体育工作的效率。在总体目标和具体目标确定之后，为了更好地实现和完成这些目标，还必须根据社区体育发展的实际情况，按社区体育工作的内容和层次制订社区体育工作的长期目标和近期目标。这样才能和总体目标、具体目标形成经纬有度的目标体系，使社区体育工作的开展更加科学有效。

1. 社区体育工作的长期目标

社区体育工作的长期目标是指在社区和社区体育发展过程中，为了实现一些在未来较长时间内才能完成的规划，社会体育工作所需设定的目标。这些长期目标与社区体育工作的总体目标存在一定的重叠。

另外，社区体育工作的目标与社区体育发展规划有着密切的联系，社区体育发展规划所确定的目标、性质、任务以及具体的建设项目，同时也是社区体育工作目标需要考虑的问题。社区体育发展是总体，社区体育工作是其中的一个部分，整体发展需要部分，部分也不能脱离整体而存在。社区体育发展规划对社区体育工作有一定的导向作用，这种导向作用通过具体的社区体育组织发展、社区体育物质环境建设、社区体育文化建设等表现出来。

虽然社区体育发展规划与社区体育工作目标联系密切，但是社区体育工作目标也并不等同于社区体育发展规划。社区体育发展规划是宏观性的，而社区体育工作目标只是微观性的局部具体事务。微观局部毕竟不是宏观全局，它不能代替社区体育发展规划，反之，社区体育发展规划也不能取代社区体育工作目标。随着社区体育在我国兴起，明确社区体育工作的目标、推动社区体育发展已成为人们的共识。

社区体育发展规划是关于一定时期内社区体育发展目标、社区体育发展框架、社区体育发展主要项目的总体计划及其决策过程，它的实现手段和方法是多样的，具有综合性的特点。社区体育发展规划从时间上说可分为 1 至 2 年的近期发展规划和 5 年左右的中长期发展规划。其中，围绕实施中长期发展规划而确定的具体社区体育发展的事务性工作，就是社区体育工作的长期目标。

另外，需要注意的是，社区体育工作的长期目标还需要对社区体育发展指标体系的科学制订和监测做出相应的规定。一般来说，社区体育发展的中长期规划都会涉及社区体育人口、场地设施、体育组织、体育文化、体育管理等一系列指标。这些指标从最初的确定到最终的落实，都需要社区体育工作的具体参与。这些指标可以量化与具体化，在达到量化的标准和具体化的要求的过程中，社区体育工作功不可没。并且要做到这一点，必须结合社区体育发展中长期规划来制订社区体育工作长期目标。

## 2. 社区体育工作的近期目标

社区体育工作的近期目标是指在社区发展和社区体育发展过程中，为了实现一些在未来较短时间内就能完成的社区体育工作规划所制订的工作实施计划和工作目标。社区体育工作的近期目标和社区体育工作具体目标存在一定的重合，主要包括社区体育近期需要落实的事务，如近期要开展哪些活动，组织什么人参加；需要建设哪些场地设施；成立几个体育活动小组；如何筹集活动经费；如何与社区内外的各相关部门建立联系；等等。这些构成社区体育工作近期目标的主要内容，且大多数就是中长期社区体育发展规划和工作的目标的具体化和步骤化。

社区体育发展规划可以分为1至2年的近期发展规划和5年左右的中长期发展规划。社区体育发展的近期规划既是中长期发展规划的有机组成部分，也是实现中长期规划的具体实施过程和步骤。因此，制订相应的社区体育工作近期目标是促进社区体育发展近期规划的有力手段，也是社区体育发展中长期规划所必需的。

社区体育工作的近期目标重点在于具体的社区体育事务的操作步骤和实施计划。首先，社区体育发展中长期规划所制订的宏观发展目标以及社区体育工作的长期目标的实现都有赖于社区体育工作的近期目标的落实，换言之，社区体育工作的近期目标是社区体育长期发展的基础。例如，某社区在未来5年的体育发展规划中，体育人口数、体育活动小组成立个数、体育活动点数量、社区体育场地面积、社会体育指导员数量等，这些规划目标的实现，都必须依赖于社区体育工作近期目标的制订和落实。其次，社区体育发展的具体指标体系在逐步实现的过程中需要不断加以修订和再落实，这些都需要社会体育工作的具体措施来实现。

原则是一种行为的依据、规则和标准，具有一定的普遍性。社区体育工作的原则是社区体育工作自身所要遵守的标准和准则，是社区体育工作普遍性的客观要求。

## 二、社区体育工作的原则

### （一）以社区体育发展为目标的原则

社区体育工作的最终目标是通过满足社区居民的体育需求，帮助社区居民解决他们在体育实践中所遇到的困难，从而促进社区体育的发展。社区体育工作的最基本原则就是以社区体育发展为目标。坚持这项原则就要在社区体育工作实践中，把社区体育面临的具体困难、问题和社区体育发展联系起来，进行整体考虑、规划，而不是局部地就事论事，偏离社区体育发展的总目标。脱离社区体育发展，社区体育工作就将成为无源之水、无本之木。因此，社区体育工作既要利用社区内的可用资源，深入群众解决他们在体育实践中遇到的具体困难，又要动员和组织社区居民积极参与到社区体育工作中来，使他们形成自觉参与和互助的意识，把个人或群体问题的解决与整个社区体育发展结合起来。

### （二）以人为本原则

社区体育工作是通过居民的参与来影响行政决策，利用社区资源改善社区体育服务、解决社区体育问题的。社区体育工作的起点是居民体育需求的表达及其形成；社区体育工作的关键是形成社区体育意识、培养居民自觉参与体育意识和增强社区凝聚力；社区体育工作的最终决策和计划也要指向和服务于社区居民。因此，以人为本是社区体育工作的重要原则。在社区体育工作中，要把社区居民的需求和利益放在首位，既要解决物质设施方面的困难，也要做好居民参与社区体育的心理工作，培养他们的体育参与和互助意识、参与社区体育的能力和技术等，最终促进社区体育发展。

### （三）社区居民自主参与原则

社区居民自主参与是社区体育发展的重要动力，是社区体育工作的重要原则。在社区体育发展和社区体育工作的过程中，不仅需要社区体育工作者为居民参与体育实践创造良好条件、解决实际问题，同样也需要社区居民对社区体育问题和事务承担重要责任，发挥互助合作的精神，以积极主动的态度参与社区体育工作，配合社区体育工作者寻求对策、采取行动，解决社区体育的实际问题。帮助社区居民满足自身的体育需求、提高身心健康水平，增强社区凝聚力是社区体育工作的重要目标，要达到这些目标，单靠社区体育工作者的努力工作是不够的，还需要社区居民积极地以当事人的态度参与进来，用自己的力量解决问题，这不仅有利于解决具体问题，还能使居民形成社区体育意识，增强社区凝聚力，促进社区体育的长远发展。

（四）社区自主决定原则

社区体育工作就是要让社区居民对本社区内的体育事务有更多的自主决策能力，也就是让居民能够自主决定体育实践，以便使社区体育发展具有更强大的内在动力。因此，使社区居民自己选择和决定社区体育事务，采取合适的行动，是社区体育工作的重要原则。社区体育工作中需要尊重自决原则，以减少主观主义作风，不让社区体育工作者的价值观左右社区居民的体育实践，让社区居民充分发表自己的观点、意见和看法，并采取合理、正确的行动，实事求是地开展社区体育工作。

（五）兼顾性原则

社区体育涉及多种形式的体育组织、类型多样的体育活动、丰富的内容以及广泛的参与人群。非经常性的社区体育活动通常由正式的社区体育组织负责，形式较为规范，主要以竞赛为主，项目繁多。而日常社区体育活动则多由自发性社区体育组织承担，以娱乐性锻炼为主，形式相对自由。参与者包括老年人、中年人、青少年和儿童，男女皆有，有些社区还可能有残疾人参与。在社区体育工作中，必须充分考虑各类组织和不同人群的需求，这样才能充分调动居民的积极性，发挥他们的主人翁精神，使其共同参与到体育活动中，从而推动社区体育的发展。

（六）因地制宜原则

各个社区在自然环境、体育设施、人口结构和政府支持等方面存在差异，因此，因地制宜成为社区体育工作的一个重要原则。社区体育工作者应深入了解社区的地理环境、体育设施、人口分布以及其他可用于社区体育的资源，根据这些情况制订工作计划，指导社区体育活动的开展。建立适合本社区的体育组织，选择合理的体育活动形式和项目，确定一套有效的工作模式，将有助于合理、有效地开展社区体育工作，这也是社区体育顺利发展的重要前提。

# 第五章 社区体育工作过程与工作内容

## 第一节 社区体育工作过程

社区体育工作是一个连续不断的工作过程，因为解决社区体育中出现的种种问题，需要经过一个操作程序，有计划、有步骤地达到预先设定的目标。首先，社区体育工作者与社区体育工作对象之间共同合作处理问题、解决困难的互动关系是动态的过程，不是静止的；其次，社区体育工作有解决问题的具体工作措施，如社区体育场地设施建设、社区体育文化、体育传统建设等都是一个渐变的过程，而且旧的问题解决后，又会出现新的问题，需要新的措施来解决，是一个无止境的循环过程；最后，社区体育工作本身的开展也是一个过程，从与社区体育工作对象建立工作关系，到收集资料、分析情况、制订行动计划、采取具体的措施和行动，都有一个符合规律的程序，整个程序的实施就是社区体育工作的过程。

### 一、社区体育情况分析与社区体育工作关系的建立

社区体育工作的第一步就是要了解社区以及社区体育的情况并进行分析。进行社区体育情况分析的目的是要了解体育在社区发展的现状，包括社区体育存在的环境以及社区居民对社区体育的需求，前者是社区体育发展的基础，后者是社区体育发展的根本动力。

(一) 社区体育的存在环境

1. 社区整体情况分析

社区整体情况分析包括社区类型、社区人口等指标。为了能恰当地规划和进行社区体育工作，必须以一定的信息为基础，这些信息就是社区和社区居民的总体信息数据。

第一，要分析社区各要素的特点、要素间的关系及其对社区体育可能产生的影响和作用，掌握社区大的背景情况。

社区通常包括以下要素：地域、人口、组织机构和文化。不同的要素所构成的社区状况各不相同，社区特点、社区互动、社区成员的价值判断以及社区文化特质也各不相同。而且，不同要素对社区体育有各自不同的影响和作用，因此，对社区各要素进行全面系统的分析，找出它们的特点和本质，才能为社区体育工作的开展做好准备。

完整的社区研究建立在人口流动和变化的社会经济基础上，需要每5年进行一次数据更新。社区研究应该由领导规划小组完成，其中包括社区体育管理者和社区体育组织。对于社区体育管理者而言，社区的社会、经济、政治和环境特点及发展趋势、社区现有和潜在的社区体育资源数据等信息都十分重要。

社区环境主要有以下六类数据。

(1) 人口统计数据。人口统计数据信息，包括民族、年龄、性别、住所、职业、社会地位、收入水平、宗教信仰、教育水平、健康状况、家庭结构等。这些人口数据都可能影响或限制社区居民参与社区体育的机会和社区体育的需求和爱好。

人口调查数据每 10 年发布一次。当然，这些数据每年都需要有部分调整，才能准确反映人口数据的变化和波动。社区体育管理者必须认识和识别这些变化和调整。社区体育管理者还应该了解最新的人口调查报告，这些人口统计数据也是识别社区体育需求的基础。

(2) 社会问题。社区体育组织与社会服务机构对减轻和解决一些社会问题，如青少年犯罪、帮派暴力、吸毒、酗酒、学龄前儿童监管缺失以及养老等有一定的作用，因此，认识和了解现阶段社区存在的社会问题也是社区大环境的一个重要因素。

（3）物质资源情况和变化。社区体育管理者不仅要清楚社区的物质资源信息，而且要清楚社区的物质资源正在发生或将要发生的变化，如公共空间的减少、新的交通形式的产生以及土地和水源等的使用。进一步来说，社区体育管理者必须了解和评估社区体育发展与环境保护之间的冲突和斗争。

（4）经济情况。当地经济的发展情况如何？主要是以多样化产业发展还是单纯依赖单一产业？就业情况是否相对稳定？社区居民一般的收入是多少？这些问题都需要社区工作者进行了解。

（5）技术情况。技术进步，如电子地图、网络和数据评估、无线电通信技术的出现，重新定义了工作场所。广泛地接近和使用网络能为服务社区体育提供者和社区居民之间提供有效的媒介和方法。

（6）政治氛围。基层政府的重视程度对社区体育的发展也很重要。基层政府的政策是否反映了很强的社区体育管理工作伦理，他们对社区体育项目的扶持和服务资金的筹措是否有促进和帮助等都对社区体育的发展有很大的影响。

第二，要分析社区的主要类型特征和功能。

根据收集的资料，按地域特点、文化特征、职业结构、居民构成、产业分布等方面，可以将社区分成不同的类型。从地域上看，有农村社区、集镇社区、城市社区等；从文化特征上看，有高校社区、科技社区、特色文化社区等；从职业结构看，有教工社区、农民社区、工人社区、知识分子社区等；从居民的职业、收入及居住构成来看，有高收入区、低收入区、棚户区以及城市民工社区如"浙江村""河南村"等；从产业布局的角度看，有工业社区、农业社区、商业社区等。

不论是从社区类型还是功能的角度看，一个社区是具有多种类型特征和功能的，但总会有一个占主导地位。不同类型和功能的社区对体育的要求、需求和影响是不同的，抓住社区的主要类型特征和功能对社区体育的发展会起到很重要的作用。

2. 社区体育情况分析

要对社区体育的各要素，如社区体育组织、社区居民、体育场地设施、居民的体育意识、社区体育的管理等，进行全面而系统的分析研究。这些问题有的是纯粹的体育问题，有的则与整个社区相关联，对不同的问题需要不同的处理对策。社区体育工作者需要根据分析的结果来制订计划、合理分配社区资源，以解决不同层面和性质的问题。

(1) 社区体育组织管理情况。首先要了解社区体育的组织管理结构，如了解社区体育的主管机构，调查和掌握社区体育组织的类型、社区体育组织的数量、分布情况，了解每一个社区体育组织的具体信息以及存在和发展的现实问题。其次，要考虑各类社区体育组织在社区体育发展中发挥的作用以及组织间的协作服务。社区体育组织以及其他与社区体育有着有限但很重要关系的组织一般被看作是潜在的伙伴。

没有任何一个组织能满足所有社区居民的体育愿望和需求。因此，应该有一个社区体育组织名录，其中包含所有社区体育组织以及与社区体育组织相关的或可能有合作关系的组织。社区体育管理者应该编辑、评估和更新这些组织以及它们的社区体育服务供给信息。这个名录包括所有提供社区体育服务组织的简要描述，如组织使命和组织背景、组织提供的项目和服务、组织操作经营的场地设施、组织名称、组织权利、联系人电话号码等。这些组织主要包括三种类型：公共机构、非营利组织和市场组织，如社区体育的政府主管部门、公立和私立学校、街道社区体育协会、社区项目体协和健身中心等。

信息目录直接来自每一个组织，组织的基本信息可以为社区体育服务者提供参考。完成简单的目录后，一个组织需要进一步分析服务的社区顾客群体，分析服务项目和服务的本质，进一步分析场所和设施的使用以决定有针对性的市场。在私立营利部门，这被称为细分市场和目标群体。不同群体有其自身的特点，而这些都为项目规划和服务提供了有益的信息。

(2) 社区体育场地设施与经费的来源情况。社区体育场地设施与经费是社区体育工作开展的物质基础,是社区体育的物质保证。因此了解社区体育场地设施情况以及社区体育经费来源是社区体育分析的重要内容。了解社区体育场地设施就要了解社区现有的场地设施的数量和开放情况,尤其是社区内的学校、单位的场地设施开放情况。要了解社区体育情况,很重要的一点是要了解社区体育经费的来源渠道以及各渠道经费的比例,厘清社区体育的现状以及持续发展存在的问题。

(3) 社区体育人力资源情况。了解社区体育人力资源就是要厘清社区体育指导员、社区体育志愿者的整体情况,即社区体育指导员的总体数量、技术结构、性别结构、年龄结构、学历结构以及社区体育指导员的指导率等。了解社区体育志愿者的总体数量、性别结构、年龄结构、学历结构、职业结构及其参与社区体育工作的动机以及激励机制。

(4) 社区体育的参与情况及社区体育的需求情况分析。

1) 社区体育的参与情况分析。了解和分析社区体育的参与情况就是要了解经常参与社区体育活动的社区居民数量,以及这些体育参与居民的人口结构统计信息、居民的体育参与的形式、场地设施的选择、体育参与的频率等。

2) 社区体育需求情况分析。需求可能由身体上、心理上或社交上的不平衡产生。心理需求是由生理性驱力的不足而产生的,如食物、水、性和睡眠。心理需求反映了一个人要保持内心平衡的需要。心理需求和社交需求比身体需求更难衡量和评定,但他们与身体需求一样都很重要。

乔治·萧伯纳曾经写过玩耍和年龄的关系:"人不会因为年龄的增大而停止玩耍——他会因为停止玩耍而变老。"人们有玩耍的需求,无论他们处于什么样的社会地位、年龄或心理及身体状态。当人们没有机会玩耍时,休闲的需求就产生了。随着社会经济的发展和变化,休闲的重要内容——体育,越来越被人们所重视。社区体育工作者的一项很重要的工作内容,就是鉴别社区居民的社区体育需求。

①社区体育需求的鉴别与评估:鉴别需求是指在一个特定的社会或地

理环境中的体育服务需求。需求的鉴别就是用一定的策略手段获得能让社区体育工作者决定社区体育需求的内容和种类的数据。这个过程可以被看作是获取社区居民的社区体育需求、社区体育行为、社区体育态度和社区体育资源清单的方法和手段。

在需求鉴别过程中收集到的信息价值,取决于它的真实性和可靠性。信息必须尽可能地准确和一致,要尽力保证收集和反映社区居民的想法以及社区现有资源状况的信息准确性。

社区体育需求的鉴别和评估主要集中在了解社区居民个人和集体的社区体育行为。通过需求鉴别和评估,社区体育工作人员能够认识社区居民的兴趣、观点、态度、习惯、愿望和他们对社区体育有关知识的了解情况。

居民的社区体育服务需求和他们所想要得到的社区体育服务是不同的。社区居民想要得到的社区体育服务可能远远多于实际需求。一般社区居民很容易表达想掌握一项特殊技能或参与某种活动的愿望,而真正掌握这项技能并使之社会化却很难。

社区体育需求鉴别涉及个人习惯,尤其是个人的生活方式。换句话说,就是居民在休闲时间会做什么?在参与社区体育活动时用到什么样的社区体育设施?更重要的是为什么有些社区居民在参与社区体育活动时没有用到已有的社区体育设施?社区居民在什么时间且如何使用已有的社区体育设施?社区居民参与了哪些社区体育组织?

②社区体育需求分析、评估方法:社区体育工作人员在需求评估的过程中需要哪些工具和技术?社区体育工作者用很多工具手段辨识需求,要仔细考虑使用的方法,如果使用的方法和手段不对或不能对同样的现象做出一致的判断衡量,很多有价值的组织资源就会被浪费。选择不合适的衡量工具,也会使社区居民的需求和服务之间缺乏联系和一致性。社区体育服务领域用到的一些需求评估工作方法有社会指标、社会调查、社区社会团体工作等。

社会指标是定量评估社区体育服务需求的措施方法。换句话说,这些测量方法涉及标准的建立以及社区居民的体育需求与这些测量标准的相互关系。社区体育需求的评估过程中可以收集若干不同类型的信息；可以从当地收集信息后再与其他渠道收集到的数据结合。例如，了解社区个人或家庭的资金情况对社区居民进行选择体育活动的影响，可以获得的信息应该包括人口统计数据、社会经济变量、健康情况统计、教育趋势、家庭特点、住房特点、社区参与等。

社区体育组织经常用社会调查来评估社区体育需求，用这种方法来收集社区居民的体育爱好、体育观点和体育态度等信息。进一步说，社会调查提供了人口信息与社区居民体育爱好相联系的机会。

当社区居民将他们目前或将来想要参与的社区休闲活动和他们参与活动使用的社区休闲体育设施的情况告知社区体育工作者时，社区体育工作者就应把现有资源与预测的、潜在的社区体育需求进行比较。社会调查也能得到有关社区居民需求的社区体育服务水平和服务内容的信息。例如，通过收集调查问卷，社区体育工作者可以看出社区居民是否有增加社区体育服务内容的需求。

调查问卷可以调查并获得信息的内容包括：社区居民可获得社区体育活动机会的范围和深度；识别社区居民个人体育参与的情况；社区居民目前没有参与但在未来可能愿意参加的体育活动；应该增加的社区体育设施和体育活动项目；调查和确认社区居民对现有的社区体育服务的满意度；找到影响社区居民首次和多次参与社区体育活动和使用体育设施的原因；识别和定义影响社区居民参与社区服务和体育设施服务的障碍；找到社区居民对社区不同体育项目和服务可能获得的财政支持的意见；预测居民社区体育参与行为的人口统计信息；了解社区居民整体休闲时间的使用情况和该地区居民休闲时间的分配使用结构。

（二）社区体育工作关系的建立

社区体育工作的关系建立是指进入社区并与相关人士和组织机构建立专业的合作关系。社区体育工作者需要与社区居民、社区体育组织机构和社团、各有关组织机构、各社团的领导人以及各界知名人士建立合作关系。

为了建立专业关系，首先要确定工作对象范围，提供与工作对象联系的服务渠道。其次，对工作对象所面临的困难、内心想法、愿望以及心理上的顾虑等有详细的了解。再次，社区体育工作者在工作中要做到角色互换，把自己放到社区工作对象的位置上，充分考虑他们的处境，而不是把自己仅仅定位在工作主体上。最后，社区体育工作者要把工作对象当成朋友，以诚恳的态度对待他们。

建立专业关系的目的是明确社区体育工作帮助的对象，了解他们的困难和社区体育存在的主要问题，制订工作计划，使得居民了解社区体育工作的作用和意义，寻求他们的支持。

## 二、社区体育发展计划的制订

### （一）制订社区体育发展计划的原因

社区体育工作者和社区体育管理部门有必要制订战略，获得社区体育活动设施和场地，提高社区体育服务供给的水平，满足社区居民日益增长的社区体育需求。社区体育发展计划的制订就是为社区体育项目、课程和服务的开发提供策略。社区体育发展计划可以分为长期计划和短期计划、整体计划和项目计划。社区体育发展的长期计划是整体性计划，而短期计划就是社区体育项目的策划。本节将重点放在社区体育的项目计划制订上。

社区体育发展计划的制订主体应该包括社区非营利组织、社区体育参与者、社区居民和公共机构。社区体育管理者的角色和作用就是促进者和实施者。管理者的责任是策划而不是领导项目。项目策划管理的基础是安全、维护的监督管理和资金的提供，策划过程应与相关部门和组织之间加强合作。

### （二）确定社区体育发展目标

社区体育发展计划的制订就是要通过社区体育场地和设施以及社区体

育项目为社区提供服务，满足居民社区体育需求，促进社区居民生活质量的提高。

1. 目标的确定

确定社区体育发展目标是工作项目策划过程中的一个重要部分。社区体育发展目标的建立和确定使得社区体育工作者和管理者清楚工作想要达到的结果。社区体育发展目标必须是具体和有重点的，设立的目标越具体，目标可被衡量的可能性就越大。建立目标的下一步就是与不同群体沟通。通过沟通，能够为工作制造舆论并定义服务的目标群体。在有效沟通的基础上，发展目标能帮助社区体育工作者和管理者建立工作和行动的框架。

2. 社区体育发展目标制订的一般特点

社区体育管理者和工作者通常要考虑做什么、怎么做、什么时间做、做完后怎么评价结果。社区体育发展目标描述了目标被完成和被衡量的方式，发展目标应与社区体育组织的使命联系在一起。

社区体育发展目标的特点包括：明确；可衡量；注重实效；与需求紧密联系。

（三）社区体育发展计划的主要内容

社区体育工作者实施一系列项目以促进和发展社区体育，社区体育项目计划就是社区体育发展计划的具体内容。在制订社区体育发展项目计划时要考虑很多因素，强调社区体育的对象范围、项目形式、时间因素、设施、装备和供应、工作人员、花费、宣传推销和风险管理等。每一个因素的重要性和影响程度在不同情况下都是不同的。

1. 社区体育的对象范围

社区体育工作者在制订社区体育发展计划时要考虑服务的客户群。具体来讲，社区体育工作者就是要满足最大数量的客户需求和兴趣需要。以社区中提供的水上项目为例，在提供社区体育参与机会时，提供的服务对象可能包括游泳初学者、中级水平游泳者、高级水平游泳者等，其社区体育项目领域一般都有不同层次的技术水平。

2. 社区体育活动的组织形式

活动组织形式对客户是否有吸引力对项目成功与否具有很大的影响。活动一定要使用有创造性和适宜的项目形式，满足不同群体的需求和兴趣爱好。社区体育项目组织形式包括体育竞赛、随机参与、体育课程、俱乐部、讲习班和兴趣小组等。

3. 社区体育的活动内容

无论是长期计划还是短期计划，社区体育工作者必须时刻把服务群体牢记在心。要把知识运用在计划制订中，只有如此，社区体育发展目标或项目目标才能是切合实际的，社区体育活动内容才能是适合服务群体的。例如，社区体育组织可以为青少年和成年人分别提供一门初级游泳课程，尽管两个群体想要获得的舒适感是一样的，且两个群体的游泳技能都是初级的，但要达到这些效果，对待两个群体的方法是不一样的。社区体育工作者应该与潜在客户或个人进行沟通交流，才能更好地了解社区居民的需求，并完成社区体育工作计划的制订。

4. 社区体育发展计划中的时间因素

时间是社区体育发展过程中最重要的因素。时间因素既影响计划中的其他因素，也受其他因素的影响。

设置时间线是社区体育工作者的指南和向导。社区体育发展计划制订者可以根据自己的喜好使时间线较为详细或较为简短。例如，制订社区发展项目计划，时间线可以开始于社区体育需求识别和评估阶段，然后进入设置目标任务的阶段，包括了制订计划、完成计划阶段，最后是评估阶段。时间线是要完成任务的大纲，包括完成联系人员、预约设施使用、获得物资、分配资源等都需要明确的时间。

社区体育发展计划必须清楚社区体育活动服务的对象，要清楚他们的生活方式，如老年人、在职人员、大学生、青少年等，这些都会影响社区体育活动时间的安排。社区体育工作者不仅要清楚群体的活动兴趣和需求,而且要清楚这些群体的可用时间和时间限制。

5. 社区体育场地设施

社区体育场地设施,如社区内的体育中心、游泳池等都被包括在社区场地设施中。社区体育场地设施在提供社区体育服务、社区体育活动上非常关键和重要。场地设施的位置、设计,如场地设施与住宅区的距离、设施每天开放的时间和每周开放的天数、停车方便程度或使用公共交通的方便程度等都是影响社区居民使用社区体育场地设施的因素。

社区中一般都会建设一批社区体育设施,学校的体育设施通常是很多社区的主要体育活动场地。社区中的商业体育设施,包括保龄球场、健身中心等也都可以为社区体育组织提供社区体育服务。社区已有的场地设施和种类决定了社区能提供给居民的社区体育服务和社区体育活动种类。因此,社区体育工作者必须有判断能力并有最大化地使用现有社区体育设施的能力。

6. 社区体育的器材和物资

除了场地设施外,社区体育活动的实施还需要一定的器材和物资。器材一般被认为是可以永久使用或可以重复使用的,而物资是那些活动中消耗的不能重复使用的材料。器材包括了篮球架上的篮板、网球拍等,物资则是一次性消耗使用的材料,如游泳池的化学消毒剂、奖杯绶带等。

社区体育工作人员可以通过多种方式、多种渠道低价或免费获得器材和物资。共享是获得和丰富社区体育物资的重要途径和渠道。对于不同群体的休闲项目,器材的使用应该视情况而定。

如果项目使用的器材可被重复使用,那么花费就会相对减少。社区体育发展计划制订者应该有一个持续维护和维修的计划并有一个组织系统以监控现有器材或未来需要的器材清单。

7. 社区体育工作的人员配备

人员配备是社区体育组织完成项目或获得人力资源的过程。所有社区体育组织中人员和人员配备都是一直进行的。人员配备要考虑很多因素,如工作人员的知识水平、技能和能力等，在某些情形下，也要考虑工作者的年龄。

传统意义上，社区体育服务供给有三个领导水平——管理、监督和直接面对面的指导。策划、招聘、选择、培训、监督、评价、补偿（付报酬）是人员配备的整个过程。策划涉及分析社区体育工作，分析此项工作的任务和责任，分析这项工作需要的工作人员的资格和条件。招聘就是要在组织内部和组织外部找到该职位的申请者。社区工作者或社区体育组织可以通过当地媒体如报纸等将信息发布给目前的工作人员、客户、居民、社区组织、学校以及就业介绍所，从而招聘到需要的工作人员。

选择和雇佣工作人员一般都是通过申请和面试完成的。一旦被选为项目指导者，组织有必要进行引导并为他们进行岗位培训。项目策划者要监督活动指导者。评价工作人员是一个持续的过程。形成性评价对个体工作人员的成长和发展是非常有帮助的，总结性评价能让工作人员清楚他的工作期望是否能实现和完成。工作报酬既可以是金钱报酬也可以是个体的满足和公众的认可。

许多社区体育组织中，活动工作人员由有偿人员和志愿者组成。清楚组织中每一位工作人员的角色任务非常重要，对服务的社区居民也很重要。

8. 社区体育项目计划中的花费

社区体育活动的花费主要是活动项目的支出和它的潜在收入。一方面，项目支出主要包括工作人员的薪水和工资、器材的花费、设施场地的维护费用、宣传花费以及其他常用花费，如邮费、设施租赁费用等。另一方面，项目收益可能来源于多个渠道，包括组织的总预算、社区体育活动参与者的收费及其他渠道的募集资金。

社区体育活动的花费和收入受很多因素的影响。社区体育活动内容、活动的组织形式、活动所需的设施和器材、工作者的专业化水平和专门知识、工作对象的年龄以及工作对象的支付能力都对社区体育活动的支出有影响。除此之外，社区体育组织自身的理念也有影响。

9. 社区体育计划中的宣传

社区体育组织与社区体育工作对象之间的交流沟通就是宣传推销。沟通需要有传播者（社区体育组织）、信息（社区体育服务的信息）、散布信息的渠道（广告、个人销售、公共关系和促销）和观众（目标群体）四个基本要素。如果没有详细的项目计划和宣传活动，动态规划和创新规划将毫无意义。社区体育发展计划制订者和活动策划者有必要熟悉整个社区中对宣传有促进作用的人员和资源。

社区体育发展计划的制订者和活动策划者必须参与决定对待不同的工作对象需要选择的渠道和工具及宣传材料。

10. 风险管理

社区体育发展计划中的风险管理是指预测形势并使用合理的判断预防、减少和消除危险和风险。风险管理不仅仅局限于社区体育组织的每一个项目策划中，是组织运作的一种管理工具，它同时也适用于社区体育发展整体项目的实施和单个项目的实施。

风险管理就是要保护社区体育组织，保护组织的工作人员和组织服务的社区居民。为了将法律诉讼数量降到最低，社区体育发展计划中必须有风险管理和事故预防的计划。社区体育主管部门必须负责定时维护设施和器材，有一份例行的监控和维护场地设施及器材的详细计划，以免在使用社区体育场地、设施和器材时因疏忽而造成危险和伤害。

风险管理过程主要由风险鉴别（risk identification）、风险评估（risk evaluation）、风险应对处理（risk treatment）和风险执行（risk implementation）等过程组成。

完成风险控制管理行为必须有一套控制程序的系统计划。降低风险的指导方法包括以下几种。

（1）报告和记录都是社区体育组织监督的方式方法。系统报告也可以显示出哪些地方需要改进。尽管报告记录是有序地对信息进行处理，但仍会有不寻常和无法预料的情况出现。

（2）设施检查和消除危险。对于任何情形和环境，设施检查和消除危险都是要特别完成的一项工作。例如，操场的所有器材必须被检查以确保能正常工作且必要时部分器材要定期被维护并更换，以降低危险发生的可能性。

（3）社区体育参与者的安全简报和准备。社区体育组织必须履行责任，告知社区体育参与者并帮助他们了解由于不适当的行为和不正确使用场地设施和器材所造成的危险。

（4）社区体育工作人员的培训和目标设定。只有所有的工作人员认识到风险并竭尽全力维持一个安全的环境和项目，风险管理才是有效的。入职引导和培训时会介绍风险管理，工作人员应该设立风险管理目标并报告和记录所有风险管理信息以保护社区体育参与者和社区体育工作人员的安全。社区体育管理者和指导者也会因参与到突发事件的处理以及救生等工作中而处于高度危险之中。

（5）应急程序。社区体育组织应该为所有工作人员列出急救、事故和其他紧急情况的处理步骤。社区体育工作者都应该清楚和了解应急措施步骤。在社区体育场地设施中，应该定期进行应急演练，所有情况下都应该有必要的急救设施和交通安排。

风险管理的最合理方法就是要为所有存在的危险和问题做出适当合理的计划，并将之列入社区体育项目计划中。

### 三、社区体育活动的实施

社区体育活动是社区体育工作者激发社区居民和有关的体育组织机构和团体行动起来，将制订的实施计划付诸实践的过程。

#### （一）社区体育活动的主体角色

社区体育活动需要社区体育工作者引导、组织和帮助居民解决问题，争取他们在体育方面的权益。在社区体育活动中，社区体育工作者扮演着行动主体的角色，他们所起的作用非常重要，他们的素质、业务能力和工作方法对于社区体育的行动效果有很大影响。

社区体育工作者的主体角色有三种：教育者、策划者和鼓动者。教育者，一方面是进行体育的宣传、教育，帮助居民们对体育有正确、合理的认识，增强大家的体育意识等；另一方面是帮助居民发现社区中的体育问题以及提供解决问题的思路，帮助人们积极摆脱困境。策划者角色是指社区体育工作者调动和利用可以获得的各种社区内的资源，如人力、经费、社会关系等，经过周密的安排、计划解决社区体育问题。鼓动者角色是指社区体育工作者利用各种活动和宣传调动居民参与社区体育工作的积极性，同时帮助居民群体分析参与体育的有利条件和不利因素，使他们对自己形成客观的认识，以提高战胜困难的勇气和信心。

从社区体育工作者的三个角色来看，他们的工作需要先进行宣传倡导，然后鼓励社区居民参与到社区体育中来，最后再制订计划、采取行动、解决问题，为大家谋取应有的权益。

### （二）社区体育活动的对象与动因

从社区体育工作的最终目标和宗旨来看，社区体育活动的对象是社区中有愿望参与体育但又有困难，需要帮助的人群和有关组织机构，其中包括部分边缘群体和弱势群体。在这些工作对象中，组织机构的问题主要是内部管理和外部的协调、资源支持，这需要在社区体育活动中给予专业性指导和帮助；另一部分工作对象由于自身的情况不同，所面临的困难和问题也各有不同，经济条件、社会地位好的人群参与社区体育所面临的困难和问题多为主观方面的；经济条件、社会地位差以及特殊群体如残疾人、老年人等，他们参与社区体育所面临的困难和问题多是客观物质方面的。社区体育活动应根据不同的对象采取不同措施，克服困难，改变现状。

社区体育活动的本质是在现存体制之下，通过各种方法，使社区体育达到一定程度的社会平衡。例如，为弱势群体和特殊群体争取应有的体育方面的权利和利益。另外，社区体育活动是一个有多方参与的过程，它的动因是社区体育问题的存在和社区居民对体育的需求及现状的不满。如果社区体育的发展不存在问题或者社区居民的体育需求和满意程度都不高，那么社区体育活动的发展就很困难。

## （三）社区体育活动的形式和方法

社区体育活动的形式和方法有很多种，大体上分为以下几类。

### 1. 召开会议

召开会议是社区体育活动的基本方法，它是一种组织行为，是将大家集合到一起进行意见交流和经验共享并最终达成一致认识的活动。社区体育活动，首先需要在不同层次与不同对象间召开不同主题的会议，将工作计划与大家共同讨论、交流意见和看法以争取居民对社区体育工作的支持与合作，形成对问题的一致意见。

### 2. 集体行动

因为社区体育活动有多方介入，工作对象大多是普通民众和一般的组织机构，所以在社区体育活动中能起重要作用的是组织和民众的力量。因此，社区居民要达成共识，在共同利益的基础上团结一致，采取集体行动，共同争取和维护参与体育实践的权利和利益。

这种集体的社区体育活动是由社区体育工作者动员和组织并自愿参与的，谋取和维护的各种权益以及解决问题所采用的方式和手段也都是正常合法的，最终都是为了促进社区体育的发展。

### 3. 教育和宣传

社区体育活动的成败关键在于社区居民是否热心参与和支持，这与他们对社区体育工作的认识和了解程度及态度有很大的关系，需要有关人员加强教育和宣传，使居民对社区体育工作有所了解。社区体育工作的教育、宣传除了使用一般的大众传播媒介外，海报、宣传栏、家访、展览等也是有效的形式。

目前在我国，由于社区体育工作和社区体育活动都是新生事物，还不成熟，社区居民知道的也很少。即使有部分地区的工作已经开展起来了，但大多被人们理解成政府行为或慈善行为，参与性不强。所以，在社区体育活动中，教育和宣传是非常重要的，不仅能争取外界的理解和支持，还能调动社区居民参与社区体育工作的积极性。

### （四）社区体育活动的内容选择

不同的社区和不同的发展阶段，社区体育活动的内容不尽相同。各社区首先应根据自身的整体社会水平和能够提供的体育发展资源选择一个重点。若整体社会水平较高、有能力提供更多资源发展社区体育，社区体育活动的内容就应该更多地放在社区体育的管理、社区体育意识的培养等方面；社会整体水平不高、资源又不丰富的社区，体育行动的内容则更多地放在体育活动的开展、体育组织及场地的建设上。

在社区体育的不同发展阶段，体育行动的内容也有所不同。社区体育发展的初期体育行动主要是社区调查、宣传等准备工作；成长期则是体育场地、组织建设、体育骨干的培养等硬件方面的工作；成熟期主要开展社区体育的管理、体育意识的培养形成等软件方面的工作。

选择社区体育活动的内容时，首先要分析不同社区的背景情况，其次分析本社区体育的发展处在哪一个阶段，找出需要马上解决的问题，即社区体育活动的内容。

### （五）社区体育活动的条件准备

社区体育活动的条件准备是指为了顺利开展体育活动而进行的前期物质和精神上的准备。体育行动的条件准备工作可以从两个层面来理解，一是整个社区层面上的条件准备，包括社区背景和本社区体育现状的调查研究，这能为社区体育活动指明方向，是社区体育活动的依据；二是社区体育活动的条件准备，包括体育行动所需要的物力、人力、财力、宣传以及详细的实施计划等。

社区体育活动是一个有多方参与的专业性工作，其过程复杂、协调难度大。所以，前期条件准备的好坏将对社区体育活动产生直接的影响。社区体育活动的前提条件准备必须认真、详细，具有针对性。

### （六）社区体育活动的协调

社区居民和社区内有关组织机构既是社区体育活动的对象，又是社区体育活动的参与者，而且社区体育活动还涉及各种资源的调配和利用，所以就有可能在行动中产生重复、浪费和冲突的问题。为了避免这些问题出现，就需要对行动进行协调，在社区内进行多层次、多维度的联系和交流，通过协调工作，各方可以交换信息、沟通意见、明确分工并互相支持，使社区体育活动在最少资源的投入下，取得理想的效果。

### （七）社区体育活动总结与相关文献存档

一个完整的社区体育活动不仅指行动本身，还包括行动结束后的总结和文献资料的整理保存工作。行动总结包括两方面，一方面是对行动成功原因和经验的总结，从行动的前期准备、计划制订到最后的实施，把成功的经验进行分析、研究，总结、归纳出一定的规律和经验方法；另一方面是失败原因的总结，总结出失败的原因，提出改进的建议和方法。

文献存档的内容主要是指将前期准备工作中收集的各方面资料、制订的目标计划、实施计划以及行动的进程步骤、经验总结等有关文字资料进行整理、分类、保存，以备日后查阅和评估。

## 四、社区体育工作的评估

工作评估是管理者不可或缺的管理工具。对工作进行完的每一个阶段都需要进行评估，以检验社区体育工作具体规划和计划的落实情况。社区体育工作的评估也是社区体育管理者非常重要的工作环节之一。工作评估的重点在于社区体育组织项目和服务工作绩效的评估。

### （一）社区体育工作评估的目的与原则

一般而言，社区体育工作评估的目的有以下几点。

（1）帮助社区体育工作者认识自身工作的成功和失败之处，以便他们及时修正工作方案，使之更加符合本社区体育发展的需要。

（2）通过成效评估，肯定社区体育工作已取得的成绩，既可以获得社区居民和有关组织机构的信任和支持，又可以使社区体育工作者和参与者有成就感。

（3）通过对社区体育工作的评估，掌握社区体育的发展变化情况，为高层决策提供依据。

(4) 评估工作为社区体育未来发展提供依据，使未来工作方案的设计更加合理。

社区体育工作评估的原则有以下几点。

(1) 为了确保评估工作的精准与有效性，我们需要确立一套基于科学原则的评估方法，并构建一个全面覆盖的评估框架，将各项评估内容细化为具体的指标项。

(2) 评估过程应汇聚社区体育从业人员、社区行政管理者、社区居民代表以及相关领域的专家和学者共同参与，以此确保评估工作的专业性、公正性和数据的真实性。通过多方位、多层次的视角融合，可以全面提升评估的全面性和可信度，使评估结果更加贴近实际，更具指导意义。

(3) 社区体育工作评估的内容包括社会因素、参与者心理、体育组织、体育管理、体育文化、体育设施等多方面的变化和发展，以综合反映社区体育工作的成效。

(4) 评估中，定性评估要和定量评估相结合，以全面、系统地评估社区体育工作的成效。

(二) 社区体育评估框架的构建

社区体育工作服务绩效评估时必须考虑以下六个要素。

(1) 水平评估。评估的是社区体育工作项目规划和计划实施所有阶段的水平，从计划目标到社区体育工作的准备水平再到社区体育工作组织实施的水平。

评估发生在社区体育工作和服务的所有水平和阶段上。评估涉及组织的使命目标、具体目标和活动等。这类评估通常是阶段性的评估且评估主体也包括了外部公众。

水平评估也与社区体育服务提供的形式、社区体育活动的选择等有关。这类评估涉及组织内部的反馈情况，主要是由组织内部主体进行的。进行此类评估，能更好地吸收评估结果，并根据评估情况重新修改服务内容。

（2）评估主体。社区体育工作评估必须由社区体育组织内部和组织外部人员共同实施。

共同评估使得评价成为一项有用的管理工具，社区体育工作评估应该由社区体育工作的利益相关者共同进行，包括了外部和内部公众。评价主体应该是一个包括社区体育工作人员、社区体育志愿者和社区体育参与者的团队。

（3）时间线。评估应该在什么时候进行？什么时间段应该用到评估结果？评估是持续的反馈循环体。

（4）评估结果的利用。评估作为一个管理工具，必须对其结果加以利用，才能为社区体育未来发展提供依据，使社区体育工作方案的设计更加合理。只有将通过评估获得的深刻见解加以应用，才能得以体现评估的价值。评估的本质建立在应用基础上，评估系统应该指出评估特定的、明确的目标。评估反馈的信息也是每年准备社区体育年度工作报告需要使用的重要客观信息。

（5）评估标准。评估必须有标准，并以此进行评价。一定要收集明确的数据，并将工作表现与评价标准进行对比。只有清楚地知道评估需要的信息，才能收集恰当的信息。评估标准一般有以下三类，都是定量和定性的。

明确的标准如目标、输出；隐藏的标准如满意度、收益；经验标准如凭借一个人的专业知识和判断努力的程度，评估付出和价值以及质量保证。

（6）评估维度。评估是多维度的。社区体育工作评估应该是一个综合系统，应把所有维度都考虑进来。评估体系的内容取决于为什么要评估，通过评估可获取的信息有哪些。

（三）社区体育评估的主要内容

社区体育的评估内容包括社区体育服务、社区体育组织、社区体育管理组织人员、社区体育场地设施、社区体育活动成效等。

1. 社区体育工作的投入

社区体育工作的投入包括人力投入、场地设施费用、工作宣传、推销费用以及社区体育项目服务的投入等。人力投入主要指社区体育工作需要多少工作人员？工作人员在社区体育领域需要掌握的专业技术知识有哪些？社区体育工作人员需要的培训类型有哪些？工作宣传和推广需要的费用金额是多少？社区体育工作开展需要哪些种类和多少数量的场地设施？

2. 社区体育工作实施过程的评估

社区体育项目或服务如果没有恰当的评定技术、正确的衡量工具、适当的环境条件，项目或服务的绩效就不能恰当地被评定。或者说，如果没有有效的标准衡量，评估就是无效的。对参与者而言，是否使用了恰当的领导方式？组织的活动是否符合参与者的年龄水平？活动是否在参与者的身体能力可承受范围内？所采用的活动结构形式是不是最好的？活动参与者对活动是否有兴趣？这些问题都是实施过程中评估应重点关注的问题。

3. 社区体育工作的产出与效果

社区体育工作产出是指向社区居民实际提供的社区体育项目和服务。一般而言，社区体育工作有两种产出——与社区体育服务内容相关的产出和与社区体育参与者相关的产出。社区体育的项目/服务内容是什么？社区体育项目种类有哪些和服务时间有多少？与社区体育参与者相关的产出，即社区体育项目服务的人数、服务的位置、潜在的参与目标群体占总人口的百分比如何？参与者的年龄、性别、民族和其他统计情况如何？没有涉及的社区居民群体有哪几类？不参与社区体育的居民，是否有其他活动选择？社区体育参与者的满意度如何？

衡量社区体育工作产出的效果可以从以下几个方面进行。一是社区体育参与者个体的变化，即社区体育参与者学到了哪些技能，社区体育参与者个体产生了哪些显著的变化。二是社区体育工作产出对社区的影响。社区体育工作目标既与体育自身相关，也可能与某些社会关注的问题有关，如青少年的越轨行为问题、老年人生活质量问题、残疾人参与社区体育活动机会问题等。因为社区体育工作的开展而使得社会问题发生的变化不能被直接衡量，但这也是评估社区体育工作价值的指标。社区体育工作产出也可能与社区经济发展有关，如通过社区体育工作的开展能促进社区经济的发展，增加社区的财富价值，吸引和增加社区的旅游收益。

（四）社区体育工作评估的过程

社区体育工作评估是社区体育工作过程中一个不可或缺的组成部分。评估是一个持续循环的过程，它开始于需求或问题，结束于问题的解决。

第一步，确定社区体育评估的问题或评估的重点。社区体育工作必须明确工作评估的目的，只有明确目的才能明确评估的内容，提出评估的问题。

第二步，选择和设计社区体育工作评估方案。设计社区体育工作评估方案是评估工作很重要的一环，方案的设计除了要合理外，还有很重要的一点就是要考虑方案的可行性。

第三步，收集信息。在评估问题的基础上，选择数据收集的方法。社区体育工作评估的数据可能包括社区体育参与者的数量，项目运行需要的成本和收益，参与者对参与的社区体育活动和项目的观点和意见等。有多种收集评估数据的方法和工具，如问卷调查法、结构式访谈法、非结构访谈法和小组讨论法、观察法、文献资料法等。

第四步，分析信息。在收集了所需数据后，最重要的是对收集的数据进行分析，得到有效信息。社区体育参与者人口统计信息可以看出整个社区中社区体育服务的分配、社区体育工作的收益等，分析数据的工具有很多，分析工具的选择取决于数据收集的方法。例如，从问卷调查法中得到的数据一般用数据统计法进行分析，小组讨论法获得的信息一般用定性工具进行分析。

第五步，准备和完成社区体育工作评估报告。社区体育工作评估报告一般包括以下几个部分：社区体育工作评估的主要结果和工作建议的概述；评估标准的介绍；评估的相关专业文献和学术性刊物；评估信息收集的方法和程序；收集信息的结果和分析；结论部分包括社区体育评估工作的评估结果阐述。

第六步，社区体育工作评估结果的运用。社区体育工作评估就是为了及时总结工作的成功和失败，修正社区体育工作方案，使之更加符合社区体育发展的需要。通过评估，可以掌握社区体育的发展变化情况，为决策提供依据，使方案的设计更加合理。因此，社区体育工作评估结果的运用至关重要，只有正确运用了评估结果，管理者才能依据其做出更多有效的决定。

## 第二节 社区体育工作内容

社区体育是一个复杂的系统工程，这决定了社区体育工作内容的复杂性和多样性。本章主要从社区体育参与的引导、社区体育组织的建设、社区体育骨干的培养与管理、社区体育经费的筹措与管理、社区日常体育健身活动与竞赛的组织与管理、体育场地设施建设与管理以及社区国民体质监测、社区体育档案管理等方面进行阐述。

### 一、社区体育参与的引导

（一）社区体育参与的概念及结构

1. 社区体育参与的概念

社区体育工作是一个过程，社区体育的发展依赖于居民的参与和民主管理。总的来说，社区体育参与可以分为广义和狭义两种。广义的社区体育参与是指在社区体育发展中所有参与主体的行为和过程。狭义的社区体育参与仅指社区内的居民作为主要参与者，积极参与社区的各项体育活动，逐步实现社区体育的自我管理和自我服务。

2. 社区体育参与的结构

关于社区体育参与的结构，可以从参与的主体、客体、动机和目标等方面来把握。

(1) 社区体育参与的主体。参与主体是指在参与行为中起决定性作用的人或组织。社区体育参与最重要的主体是社区居民，除此之外，也包括社区内的政府、单位和各种社会团体。

社区居民是社区体育参与的主要力量，是指具有社区认同感、归属感和社区公共责任的大众。社区体育参与者分为两类：一是积极主动的参与者，他们对社区体育非常关心，同时也具有参与的热情，愿意投入时间和精力，对健身活动和娱乐活动有浓厚兴趣，能自觉主动地参与其中；二是消极被动的参与者，是迫于某种社会压力被迫进入或在特定环境下被卷入体育活动中来的人，他们对社区体育参与的热情和积极性普遍不高，往往随社区其他成员的行动而定。

社区内非政府组织是指社区体育健身俱乐部、体育协会、体育活动指导站等，非政府组织是社区体育参与的重要组织力量。非政府组织多以公共利益的实现为目的，参与社区体育公共服务的提供，影响和监督政府组织及管理部门的活动是非政府组织的重要活动内容。

体育行政机构主要参与社区体育公共政策和社区体育发展规划的制订，社区体育服务的提供离不开体育方面的专业人才和专业机构。

(2) 社区体育参与的客体。参与客体是指社区内的各项体育事务，从社区体育发展的决策、执行、监督到最终的评估等都是社区体育参与的客体。各种体育活动是社区体育最主要的参与客体。

(3) 社区体育参与的动机。参与动机是指公共参与精神，是参与一切活动的起点，是激励并维持参与行为，达到一定参与目标的内在动力。社区体育为居民自我价值的实现和自身潜能的发挥提供了一定的空间，从而激发了居民的公共参与精神。

## (二) 社区体育参与的一般分类

按照社区体育参与的主体，可以分为社区居民、政府部门和社区体育组织。按照社区体育参与的方式，可分为直接参与和间接参与。按照社区体育参与的程度，可分为主动参与和被动参与。无论是哪种参与类型，都会折射到三类参与主体中。

**1. 社区体育参与的社区居民**

居民参与是社区体育工作的灵魂,没有居民的广泛参与,也就无所谓社区体育工作。居民也是社区体育的直接受益者、参与者,通过亲身参与社区体育活动,他们感受社区体育活动带来的归属感、认同感和现代社区意识,使社区自身的体育资源得到最有效的整合和最充分的利用。

**2. 社区体育参与的政府部门**

社区街道办事处和地方体育局是社区体育工作的政府部门,是社区体育公共服务设施的提供者、社区体育政策的制订者、社区体育资源的协调者。他们间接参与了社区体育工作,通过政府购买社区体育服务,鼓励更多的社会体育组织管理社区体育工作。

**3. 社区体育参与的社区体育组织**

随着居民参与社区体育意识的增强,居民的体育利益和体育需求越来越多元化,政府在满足社区基本公共服务的同时,需要一个中介性的组织——社区体育协会来沟通政府与社区居民参与体育的信息,降低政府管理的成本,激发社区体育参与的积极性,促进社区和谐稳定。社区体育协会是社区体育参与的直接管理者,也是社区居民之间的协调者和组织者。

### (三) 现阶段社区体育参与不足的原因

社区体育参与是一种复杂的社会现象,受到各种因素的影响,而且这些因素是多层次的,影响的方式和程度大不相同。

**1. 社区体育参与主体的主动性不足**

在社区体育参与过程中,无论是社区居民,还是政府部门、社区体育协会,都呈现出主动性不足的现象。随着公共服务型政府目标的确立,需要政府培育社会组织承担社区体育的管理工作,在政府转变职能的过程中,必然出现参与主体之间职能定位模糊、社会体育组织缺乏独立性、自身管理不规范等现象,直接导致社区居民参与体育活动的积极性不高,影响了居民参与社区公共事务的热情。

### 2. 社区体育公共服务供给的不足

政府作为社区公共服务的主要提供者，随着社区居民对健康生活方式的追求增强，他们对社区体育服务的质量要求也越来越高。伴随着房地产市场的蓬勃发展，不少新兴住宅区在追求经济效益最大化的导向下，由于缺乏国家层面的强制性政策指引，多数情况下，区内配置的体育设施往往流于表面，数量有限且种类单一，更多扮演着美化环境、吸引购房者眼球的辅助角色，远未能触及居民的实际健身需求。现存的体育场馆普遍存在开放率低、使用效率不高、服务功能狭窄、配套设施欠缺等问题，加之自我运营与可持续发展能力薄弱，这些因素共同加剧了公共体育设施供给与居民需求之间的紧张关系，严重制约了社区居民参与体育锻炼的便利性，间接削弱了他们投身体育活动的热情与动力。

### 3. 社区体育参与缺乏有效的合作机制

社区体育工作的实质是在政府的主导下，开发社区多种体育资源，发展社区自治，形成政府、基层组织与居民通力合作的局面。但在社区体育的参与过程中，存在行政主导和社区自治两种发展目标的矛盾与冲突，如社区参与主体缺乏自治空间、社区成员缺乏参与社区体育工作的热情，行政组织、社区自治组织缺乏沟通渠道，各自为政等问题层出不穷。

## （四）社区体育参与的引导

### 1. 坚持政府指导和社区体育组织共同参与

为了坚持政府指导与社区体育组织共同参与，我们需要充分发挥社区体育组织的自治能力，合理配置社区体育资源，发现并解决社区体育工作中出现的问题。政府需要提供经费、场地、政策等方面的支持，鼓励居民参与社区体育工作的规划和方案制订。政府和社区体育协会应定期听取居民的反馈意见，不断提高居民的素质和整个社区的文明程度，努力建设管理有序、服务完善、环境优美、治安良好、生活便利、人际关系和谐的新型现代化社区。

## 2. 加强宣传和动员，引导更多居民参与社区体育

在对锻炼者进行管理的过程中，我们可以设定一些目标和榜样，通过语言和行为来引导社区体育参与者。首要之务，我们应当采用科学的方法普及体育活动的基本知识与运动健身的科学机理，旨在提升社区居民的体育认知水平，强化其科学健身的素养，同时引导他们更新体育价值观念，认识到体育运动对个人健康与生活质量的深远影响。其次，需大力推广适应现代社会文明的各类体育项目及锻炼技巧，确保居民能够准确掌握并合理运用，亲身体验运动带来的愉悦感与健康效益，从而深化其对体育运动的认同感与参与度。最后，我们应积极汲取其他优秀社区在体育工作方面的成功经验和创新做法，对照反思自身存在的不足，持续优化与升级社区体育工作体系，以期达到提升社区体育服务水平和居民满意度的目标。

## 3. 培育社区体育组织承担一定的管理职能

社区居民是一个松散的群体，培育社区体育自治组织，整合社区体育资源，使社区居民形成凝聚力，需要社区体育组织承担一定的管理职能，形成社区成员参与社区管理和社区决策自下而上的动力机制，改变社区体育的管理模式，通过政府与社区体育组织、社区居民等多元主体之间的平等合作来共同管理社区体育工作。在社区体育管理中，社区体育组织自身能力的建设至关重要。

## 二、社区体育组织网络构建

党的十九大报告中指出："加强社区治理体系建设，推动社会治理重心向基层下移，发挥社会组织作用，实现政府治理和社会调节、居民自治良性互动。"社区体育组织是服务居民、凝聚居民和参与基层治理的一个重要载体和主体，只有充分发挥好社区体育组织的桥梁与纽带作用，搭建平台，畅通参与渠道，才能真正推动社区社会治理，维护社区和谐稳定。

### （一）社区体育组织的类型

社区体育组织类型复杂多样，根据不同的分类标准可以产生不同类型

的社区体育组织。总结当前政府相关职能部门和学界的基本认识，本书主要从管理方式、形成方式及组织性质三个方面来介绍社区体育组织的基本类型。

（1）管理的方式。根据管理的方式，我们可以将社区体育组织分为四类：一是正式注册的组织，这类组织按照相关法律规定，是在区（县）民政部门登记注册的组织（街道、乡镇层面无权为社区社会组织注册）。从当前的实际情况看，这类组织主要表现为一些实体性的体育服务机构——体育类民办非企业单位，注册为社团形式的组织在基层较为罕见。二是社区辖区内的企事业单位、社会团体代管的体育组织，这类组织多在单位内部成立，由单位相关部门，如工会、共青团代行管理职能。三是在街道备案的组织。当前，各地都在积极实践包括社区健身团队在内的社区社会组织备案工作，动员和鼓励基层体育组织依据相关要求到街道备案，并给予一定的政策扶持。四是既无单位归属，也没有注册或备案的自娱自乐型健身组织。从数量上看，第三类和第四类是当前我国社区体育组织的主体。

（2）形成的方式。社区体育组织形成方式多样，一般将其分为行政主导型和居民自发型两种。

行政主导型社区体育组织多是按照政府要求建立的，一般称其为自上而下型社区体育组织。这类组织以街道（乡镇）相关部门、辖区内的企事业单位为依托，经费有一定的保障，组织内部有相对规范的制度和相对明确的组织架构，如街道社区体协、社区体育俱乐部、社区体育服务中心、单位内部的单项运动协会等。当前，街道社区体育协会是这类组织最为普遍的组织形式。

居民自发型体育组织是基于居民健身、娱乐的实际需求而形成的，也被称为自下而上型体育组织、草根体育组织等。邻里间的健身团队是这类组织最主要的表现形式，地缘和趣缘是这类组织形成的主要因素。这类组织数量繁多，类型复杂，但同质性强，没有正式的规章制度，规范性程度低、内部分工简单，管理者以中老年退休人士居多。

(3) 组织的性质。社区体育组织按其性质可以分为活动型社区体育组织、中心型社区体育组织、社团型社区体育组织和管理型社区体育组织。

活动型社区体育组织包括体育锻炼小组、运动队、健身活动点等；中心型社区体育组织，包括体育技术辅导站、文体活动站、体育俱乐部等；社团型社区体育组织，如街道人群体育协会、街道项目体育协会等，这类组织不一定在民政部门登记注册，但以社团的形式存在；管理型社区体育组织，如街道（乡镇）体育总会、街道社区体育协会，具有相应的管理、协调职能，行政性特征较强。

（二）社区体育组织网络的构建

社区体育组织被视为全民健身计划实施及居民体育参与的基础平台，加强社区体育组织网络的构建，是实施全民健身计划、提升群众体育组织化程度的实际需要，也是顺应人们日益增长的健身娱乐需求的重要举措。2017年年初，国家体育总局副局长赵勇在温州调研时强调：要完善群众身边的健身组织，让有健身需求的群众都加入组织中，让群众有归属感。

1. 有效发挥基层政府的主导作用

改革开放以来，我国政府与社会出现了一定程度的分离，但仅是一种有限的分离，是政府有意识放权的结果，承认政府的主导是其基本前提。因此，社区体育组织网络的构建，应有效发挥基层政府的主导作用，形成政府主导、社会兴办、充满生机与活力的社区体育组织网络，这是符合我国国情的现实选择。我国社区体育组织虽然数量庞大、发展迅速，但面临资源不足、人才短缺、稳定性较差等诸多问题。在强国家、弱社会的基本格局中，基层政府在政策扶持、分类引导、人员培训、整合社区体育资源、协调社区体育事务等方面都具有重要的作用。

2. 明确综合型社区体育组织的地位

当前，我国各地在城市街道办事处层面多建有街道社区体育协会，在农村乡镇层面也建有体育总会或联合会等综合性体育组织。这类组织不应沦为一块空的牌子，在社区体育工作中，应当是一个有权威的、有代表性的、有组织能力的强势社团。因此，社区体育组织在社区体育工作中"办体育"的主体地位需要予以明确，利用这类组织有效整合区域内及周边体育资源，引导能人积极分子加入，加强社区体育事务的组织、沟通、协调，为社区各类体育组织提供项目指导、信息交流、能力培训等服务。

3. 发挥运动项目协会对健身组织的吸纳作用

当前，我国各类基层健身组织与运动项目协会之间的关系不够紧密、上下联系难以贯通、碎片化现象比较严重、基层健身组织缺乏上位组织的指导是一些现实问题，也不利于形成网络化的组织架构。人们对某一运动项目的兴趣是基层健身组织得以形成的重要载体，而运动项目协会对具体活动项目的技术指导优势明显强于政府体育部门。就此而言，应充分发挥运动项目协会的作用，形成其对基层健身组织的凝聚和吸纳效应，建立起以运动项目为中心的统筹协调机制，便于不同层级的体育组织形成有机合力，达成一致的组织目标。

## 三、社区体育骨干的培养与管理

社区体育骨干是指社区体育工作中从事技能传授、锻炼指导和组织管理的人员，包括获得技术等级称号的社会体育指导员和没有技术等级的社区体育志愿者。我国目前的社会体育指导员在性质上分为两种，即公益型和职业型，公益型社会体育指导员又分为组织管理类和技能指导类。社会体育指导员虽然数量偏少但仍然是我国社区面临的不容回避的困难之一，而社区体育志愿者可以弥补社会体育指导员在数量和服务方面的不足。

（一）社区社会体育指导员的培养与管理

1. 社会体育指导员的内涵

社会体育指导员，定义为那些出于公益而非营利目的，面向大众提供健身技能教学、健身活动组织、科普健康运动知识等志愿服务，并被授予相应技术等级的专业人员。他们是我国体育事业发展的重要推手，对于增强国民体质、提升生活品质、促进社会主义精神文明建设具有不可替代的作用。在社区体育领域，体育指导员作为活动的策划者、技术的引领者、健康理念的传播者，其职能的有效履行对于推进社会体育的科学化管理、市场化运作和法治化建设至关重要。

身为社区体育指导员，不仅要具备社会体育指导员的基本素养，还需掌握在社区这一特定场域中开展工作的专业技能与适应能力，可以说，社区体育指导员的综合素质直接关联着社区体育活动的成效与质量。在社区环境中，他们不仅要精通体育技能教学，还需擅长组织协调、沟通交流，以及了解社区居民的健身需求和心理特点，以便提供个性化、专业化的指导服务，确保体育活动既安全有序，又能激发居民的参与热情，促进社区体育的繁荣发展。因此，提升社区体育指导员队伍的整体水平，是推动社区体育事业健康、持续进步的关键所在。

2. 社区社会体育指导员的职责

在培养社区体育指导员的过程中，我们应秉持"扎根基层、惠及民众、实效优先、开拓创新"的工作准则，同时继承与弘扬乐于奉献、全心全意为社会服务的精神内涵。立足于社区居民的真实需求，我们应当常态化、多样化地推进体育指导服务，确保为社区居民提供持续、专业且贴近生活的体育健身指导，以实际行动践行服务大众的宗旨，促进社区体育文化的繁荣与发展。通过不断深化体育指导员的专业技能与服务意识，我们旨在构建一支高素质、高效率的体育指导团队，为社区体育活动的蓬勃开展注入源源不断的动力。

3. 社区体育指导员的基本素质

（1）高尚的道德品质和良好的健康状况。这是作为一名社会体育指导员的基本要求，高尚的人格，优秀的思想品德，加上积极的精神状态和良好的健康形象是胜任这份工作的首要条件。

（2）良好的公关能力。一名优秀的社区体育指导员必须与广大社区居民保持广泛的联系。他应有良好的公关能力、甘于奉献的精神、乐于助人的工作态度和广泛的兴趣爱好，与社区居民建立良好的人际关系。

（3）完整的知识结构体系。社区体育指导员应具备基本的组织管理知识、锻炼指导知识和指导锻炼的技能。组织管理知识包括：社区体育的政策、法规以及同社区体育相关的经济、文化方面的政策法规；社区体育管理的原则与方法；社区体育活动的组织形式和工作计划以及各种体育活动与竞赛组织管理方面的理论知识。锻炼指导知识主要包括：体育锻炼的基本原理；运动生理、医学、卫生、运动保健学方面的知识。指导锻炼的技能包括：讲解的技能、示范的技能、保护帮助的技能、制订锻炼计划和评价锻炼效果的技能等。

（4）创造能力与科研能力。社区体育指导员还应该具有一定的科学研究能力，在社区体育工作中，认真观察、认真研究、尊重科学、勇于创新、不断总结，使自己成为一名复合型的体育人才。

（二）社区体育志愿者的培养与管理

1. 社区体育志愿者

在中国的社区体育场景中，社区体育志愿者特指那些虽未正式获得社会体育指导员资质认证，但已积极投身社区体育活动，无偿提供援助的体育爱好者与专业人士。这类群体主要涵盖部分体育教育工作者、训练指导人员以及热衷于社区体育指导的退休人员等。志愿行动体现了一种崇高的精神追求，它代表着个人愿意无偿贡献自己的时间、精力、专业技能等资源，以回馈社会、服务公众，是社会文明进步的鲜明标志。这些无私奉献的志愿者，构成了推动社区体育事业蓬勃发展的坚实基石。

社区体育志愿者的核心使命是服务于广大人民群众，以社区为直接的服务阵地，积极参与社区体育活动的技能传授、健身指导以及组织管理等工作，其行为动机纯粹，不以获取经济报酬为目标。他们凭借一腔热忱与专业素养，致力于提升社区居民的体育健身意识，丰富社区体育文化生活，是社区体育生态链中不可或缺的角色。志愿者的辛勤付出与不懈努力，不仅能够激发社区居民的体育参与热情，还能有效弥补专业体育指导人员的不足，促进社区体育事业的均衡、持续发展。

社区体育志愿者的人员构成：一是体育专业的教师和学生。高校云集了众多接受良好社会体育专业教育的教师和学生,通过各种社会实践的方式将这些学生组织起来,服务于社区,了解基层情况,增强学生的社会实践能力,能为学生今后就业奠定基础。二是体育爱好者。在社会体育领域,社区体育培养了大量的体育爱好者。

2. 社区体育志愿者的培养和管理

社区体育志愿者和社区体育指导员都在社区体育组织中扮演着关键的组织角色。培养和管理社区体育志愿者成为发展社区体育指导工作的重要环节。同时,部分社区体育志愿者作为社区体育指导员的后备人才,也迫切需要规范化的培养和管理。

### 四、社区体育活动的组织与管理

社区体育活动是社区工作的重要载体,它能够凝聚社区居民的力量,推动社区发展。

(一) 社区体育活动的类型

社区体育活动根据不同的标准可分为不同的种类。按照参加社区体育活动的人数多少,可分为个人活动和集体活动。个人活动是指社区体育参与者单独在辖区内进行体育锻炼的行为,如在全民健身路径上活动的个体;集体活动是指两个以上共同参与健身活动的人群,如社区广场舞的健身团队。按照人们参与社区体育活动的目的,可将社区体育活动分为健身类社区体育活动、康复类社区体育活动、休闲类社区体育活动。健身类社区体育活动的目的主要是增强体质,提高健康水平,这类人群主要关注参与体育活动的效果,如民族传统的体育健身项目和现代流行的体育健身项目;康复类社区体育活动主要是针对慢性疾病,参与者积极主动参加治疗过程;休闲娱乐类社区体育活动指通过娱乐消遣获得精神放松、结交朋友、联络感情,增进邻里之间的关系的活动。按照人们参与社区体育活动的人群特征,可分为婴幼儿、青少年、在职人员、老年人、特殊人群等参与的社区体育活动。

按照人们参与社区体育活动的时间与程度，可分为日常体育健身活动（晨晚练活动点）和经常性、节假日的社区体育竞赛、表演活动。日常体育健身活动以晨晚练点为主，社区体育参与者经常参与体育活动，体育行为已成为人们生活中的一部分；经常性、节假日的社区体育竞赛、表演活动往往是一个阶段或周期性的社区体育活动，这种活动的可塑性较大，有的竞赛、表演活动定期举行，成为地方的特色体育活动项目。

### （二）社区日常体育健身活动（晨晚练活动点）的组织与管理

#### 1. 社区日常体育健身活动（晨晚练活动点）的特点

我国社区中的日常体育健身活动，很大程度上依赖于晨晚练站点的存在，这是一种由拥有共同体育爱好与追求的居民自主形成的、结构较为松散的体育团体。它们通常在每日的清晨或傍晚时段，选择公园、开阔地带或广场等公共空间，开展体育锻炼，成为当前我国社区体育活动中最为常见和广泛参与的组织形态之一。此类活动的主力军往往是中老年人群及女性，活动项目涵盖了体操、武术、健身气功、舞蹈等多种形式，充分体现了群众体育的多样性和包容性。

晨晚练活动点的运行以自发性为显著特征，参与者根据个人兴趣自由加入，活动安排灵活，无须严格的组织架构或固定的时间表。尤其在清晨，当第一缕阳光洒向大地，社区内的晨练点便开始热闹起来，居民们纷纷来到附近的活动场地，或舒展筋骨，或练习拳脚，或翩翩起舞，享受着运动带来的愉悦与健康。这种就地取材、简便易行的活动模式，不仅降低了参与门槛，也极大地丰富了社区居民的业余生活，促进了邻里之间的交流与融合，为构建和谐社区、提升居民幸福感做出了积极贡献。

#### 2. 社区日常体育健身活动（晨晚练活动点）的组织与管理

伴随着晨晚练活动点组织程度的不断提高，建立健全的管理制度，以保障这些活动点能够持续、健康地发展壮大，正日益凸显其必要性和紧迫性。通过规范化管理，不仅可以提升活动的组织效率和服务质量，还能有效预防和解决可能出现的各种问题，为参与者创造一个更加安全、有序、舒适的锻炼环境，进一步促进社区体育活动的普及和深入发展。

（三）社区体育竞赛、表演活动的策划与组织

1. 综合性社区体育竞赛、表演活动的策划与组织

综合性社区体育竞赛与表演活动，指的是在街道乃至更高级别的社区层面组织的，参与规模庞大、涵盖项目广泛的体育赛事与展示活动。这类活动通常集合了多样化的体育竞技与表演元素，吸引了大量社区居民的积极参与，不仅丰富了社区体育文化，还促进了居民之间的交流与互动，增强了社区的凝聚力和活力。例如，由辖区学校或幼儿园与社区合作举办的亲子运动会，以及辖区单位和多个社区联合举办的老年社区运动会等。

（1）成立社区运动会竞赛组织委员会。竞赛组织委员会的成员一般由办事处的主管领导、辖区学校的体育教研组、社区体协的负责人组成。他们全面负责运动竞赛工作，制订各种计划，下发通知等文件。组委会根据竞赛工作需要设主任一人、副主任和委员若干人。在组委会的领导下，根据实际情况，设立大会秘书组、宣传组、竞赛组和后勤组等。

（2）制订社区运动竞赛计划。某社区运动会工作计划如下。

1）社区运动会的指导思想……

2）社区运动会目标和任务……

3）社区运动会工作的步骤、程序与要求……

4）特殊规定与要求。

5）社区运动会竞赛计划表。

（3）制定竞赛规程。

某社区运动会竞赛规程总则如下。

举办本届运动会，目的是全面贯彻"以人为本，健康第一"的指导思想，提高社区居民的身体素质，丰富社区的文化生活。

1）比赛时间、地点。定于××年××月举行，由辖区学校体育组承办。

2）竞赛项目。托球30米、两人三足50米……

3）参加办法和运动员条件。各队组团参加，运动员由领队负责报名。

4）奖励办法。只要参赛就给予奖励，但要分出名次。

5）报名。

6）报到。各代表队按规程规定的时间到比赛地点报到。

7）服装要求。

2. 社区体育单项活动和竞赛的策划与组织

与社区综合性体育竞赛相比，社区单项体育竞赛通常参与人数较少，但针对性更强，聚焦于某一特定体育项目或类别。例如，富有传统文化色彩的趣味性比赛，如踢毽子、跳绳等；竞技性质的项目，如乒乓球、篮球、羽毛球、田径赛跑等；注重养生保健的气功类活动，如太极拳、广场舞、健身操等；强调社交互动的项目，如门球、家庭趣味运动会等；追求休闲放松的体育活动，如垂钓等。这些单项赛事不仅满足了不同兴趣和需求的居民，还促进了社区体育文化的多元化发展，增强了居民的身体素质，提升了社区的活力与凝聚力。

活动方案的主要内容包括：指导思想、组织方式、活动名称、活动口号、活动时间、活动地点、主办单位、承办单位、协办单位、组织机构、比赛方式及实施步骤、奖项与经费等。

## 五、社区体育经费筹措与管理

### （一）社区体育经费的筹措

我国社区体育资金的筹集主要依赖于多元化的渠道，其中包括政府的财政支持、社会投资、慈善捐助以及其他创新性筹资方式。具体来说，社区体育经费的来源可以归纳为以下四个方面。

1. 政府投资

社区体育作为社会体育的组成部分，是一项与国家民生息息相关的公共事业。国家投资是社区体育发展资金的主要且直接来源，如社区康复中心、社区老人活动室、社区体育场地、社区小公园、社区小广场等，都应纳入政府公共财政投入的范围。

2. 社会资本投入

社区体育资金筹集应该依赖社会集资，吸引更多的社会资本投入社区体育。这种做法不仅可以弥补政府资金的不足，还能更广泛地推动社区体育的发展。政府应采取购买社区体育服务、PPP模式等手段，鼓励更多元化、多渠道的社区体育投资，并提高社会资本的使用效率。

（1）政府和社会资本合作模式。政府和社会资本合作模式（PPP）是通过特许经营、购买服务、股权合作等方式，政府与社会资本建立的长期合作关系，旨在增强公共产品和服务供给能力、提高供给效率。

（2）企业赞助。企业赞助是扩大社区体育资金来源、增强活力和扩大影响力的重要手段。作为赞助方的企业，体育赞助是一种有效的营销方式。

3. 慈善捐赠

（1）社会捐资。社会捐资是指个人、企业、社会团体对社区体育以资金或实物形式的捐赠与赠予。捐赠不同于赞助，捐赠是不附加任何回报条件的无偿赠送。捐赠款项的单位数额一般不多或零星分散，但是在举办各种体育活动时，尤其在举办较大规模的运动会时，社会捐资仍是一种必要而且重要的集资方式。

（2）体育彩票。体育彩票是政府授权为体育事业筹集资金而发行的一种由人们自愿购买并按规则取得中奖权利的凭证。

4. 体育经营收入

为确保社区体育活动的可持续发展，可以通过组织体育知识讲座、专业技能培训及体育赛事等形式，适当收取参与费用，以覆盖活动成本。在筹划各类体育活动时，既要着眼于提升社区凝聚力和社会影响力，也要兼顾经济效益，例如，在组织家庭趣味运动会时，设定合理的报名费机制，既能激发家庭参与的积极性，又能为活动筹集必要的资金。

在推广特定体育项目时，主动寻求与体育用品制造商的合作机会，不仅可以获得赞助支持，还能通过销售相关器材或装备分享利润，进一步促进该项目在社区内的普及与推广。此外，在大型社区运动会期间，通过引入商业合作伙伴，比如设置广告展位、举办产品展销会或提供咨询服务，既能增加活动的商业价值，也能为社区体育事业带来额外的经济收入，实现体育活动与商业运营的良性互动，共同推动社区体育的长远发展。

### （二）社区体育经费的管理

社区体育经费管理的目标在于扩大筹资途径，有效地募集和合理分配资源，以更好地促进社区体育的发展。

#### 1. 社区体育经费的分配

科学的经费分配对于促进社区体育的兴盛发挥着举足轻重的影响。它不仅确保了社区体育在资源配置上的均衡与充足，还促进了体育活动在社区范围内的合理规划与广泛覆盖。为此，政府需加大在体育设施建设上的投入力度，同时倡导并支持通过慈善捐赠、建立社区体育基金等多元化融资手段，吸引社会各界的资本流向社区体育领域，共同推动社区体育事业的全面发展。

#### 2. 社区体育经费的使用

为了有效执行社区体育规划，促进各项工作与业务活动的顺利开展，社区体育经费的运用务必遵循合理性与规范性原则。在经费使用管理方面，必须严格遵守国家财经法律、规章制度，实行领导负责制，确保财务部门对资金实行集中统一管理。具体而言，经费支出须严格依据审批通过的预算方案，限定于规定的支出范畴与标准之内；在经费使用过程中，需坚持量入为出的原则，做到精打细算，重点突出，兼顾全面，同时强化对经费使用情况的会计核算与监管。

## 六、社区体育场地设施规划与建设

### (一) 社区体育场地设施的规划

1. 社区体育场地设施规划的法律依据

随着我国大众生活质量的提高,居民对公共体育设施的需求不断增强,为适应形势的发展,我国相继颁发了有关公共体育设施建设的法规文件,新建居民小区、经济开发区和学校必须配套建设相应的体育设施。2003年施行的《公共文化体育设施条例》规定:"各级人民政府举办的公共文化体育设施的建设、维修、管理资金,应当列入本级人民政府基本建设投资计划和财政预算。新建、改建、扩建居民住宅区,应当按照国家有关规定规划和建设相应的文化体育设施。居民住宅区配套建设的文化体育设施应当与居民住宅区的主体工程同时设计、同时施工、同时投入使用。任何单位或个人不得擅自改变文化体育设施的建设项目和功能,不得缩小其建设规模和降低其用地指标。"

各级政府应根据当地社会经济的发展状况,及时制订和完善相关政策法规,以确保社区体育健身设施的合理配置、使用、管理和后续服务。同时,政府应加强对这些设施的监督管理。在城市重要街区的建设改造方案和重要体育设施建设项目中,应举行听证会,广泛征求居民意见,确保体育设施的建设充分考虑居民的需求,并接受居民的监督。此外,政府应与社会力量相结合,更广泛地借助市场力量,积极探索社区健身设施的新模式和方法,以满足居民的多样化需求。

2. 社区体育场地设施规划的基本原则

(1) 功能多样性。在开发全民健身活动设施时,应注重设施的多种功能,包括健身、竞赛、训练、文化娱乐、休闲和社会活动等,同时要满足不同社会单元的需求,以提高设施的使用效率。这意味着设施的设计和建设应具有广泛的适用性和灵活性,能够满足不同人群的需求,促进社区成员的参与和互动。功能多样性不仅能使体育设施能更好地发挥应有作用,服务群众，而且在提高土地使用率及管理效率等方面也具有重要意义，是我国社区文化设施建设中一个颇有前途的模式。在规划和配置时要考虑一室（馆）多用、一场多用、一物多用来提高设施的使用率。例如，一个室内活动场地可以根据需要作为旱冰场地，也可以作为健美操培训中心，或摆放多功能健身器械、乒乓球台、台球桌等。

（2）受益大众化。全民健身活动设施的规划，需要建立在深入了解群众对体育健身需求的基础上，坚持"以人民为中心，以生活质量提升为目标"的理念，打造更多便民、利民的健身设施。在规划全民健身活动设施时，需要对周边小区居民的构成进行深入调研，包括居民数量、年龄结构、收入水平、职业状况等。设施项目和场地的设置需要具备吸引力，能够吸引周边居民参与，同时各个项目之间应形成互补，共同打造具有自身特色的健身环境。这样的规划思路有助于提高设施的使用效率，满足不同人群的多样化需求，推动全民健身活动的普及和发展。

## （二）社区体育场地设施的建设

### 1. 优化社区场地设施配置

在场地设施配置方面，首先应选择人口集中、交通便利的场所。应在居民区的中心，便于周围群众的锻炼，距离尽量控制在步行15分钟的范围内。其次，在配置社区体育场地设施时，应优先选择阳光充足、周围环境无烟尘、无有害气体、无污染的地方。场地布局应尽量采用南北方向，以充分利用自然光线，同时避免设在低洼处，以免雨后积水影响使用。这样的选址和布局有利于提供一个健康、舒适、安全的运动环境，促进社区居民积极参与体育活动。最后，注意满足不同人群的活动需求，应符合实用、安全、科学、美观等要求，并采取无障碍措施，方便残疾人、老年人使用。

### 2. 提高体育场地设施的使用效率

当前，我国社区体育场地设施相对不足，限制了居民参与体育锻炼的积极性。因此，应采取多种手段和方法，通过有效管理，充分发挥现有社区体育场地设施的潜力，提高使用效率，为更多居民创造锻炼身体的条件。

3. 充分利用社区公共用地资源设置体育设施

由于现有水平和条件的限制，社区居民的体育锻炼条件有限。因此，社区街道和居委会应本着统一规划、逐步开发、有效利用现有社区公共用地资源的原则，设置必要的体育设施和提供身体锻炼场所。

4. 实现社区体育场地设施的多功能化

开发现有公共体育设施的潜力，使之向多用途、多功能方向发展。一室多用、一场多用、一物多用，合理调整已有的体育设施结构，充分发挥有限的体育场地设施的作用。

(三) 社区体育场地设施的管理

社区公共体育设施是社区内的公共财产，是城市建设的一部分，每个社区街道、居委会和基层群众性体育组织以及居民都有保护体育设施的义务。对此，应制订规章制度，依法加强对公共体育设施的管理。

1. 制定管理办法、加大宣传力度

为切实保护社区居民的体育锻炼权利，社区街道办事处与基层体育组织共同研究制订了细致且实用的管理措施。通过多渠道的宣传教育，明确规定社区内的任何单位或个人未经许可，严禁私自侵占公共体育场所及其配套设施，坚决维护这些设施的原有属性与使用功能不受侵犯。同时，鼓励并动员参与体育活动的居民相互监督，共同维护良好的锻炼环境，自觉遵守管理规定，形成自律与共治的良好氛围。

2. 指定专人维护与管理

体育设施的管理部门应指定专人负责体育场地设施的维护和保养，并定期进行安全检查。与此同时，对于体育锻炼过程中出现的任何不文明举止，应立即采取措施予以纠正和制止，以维护良好的体育锻炼秩序和环境。此外，社区体育活动应主动接受来自工商、文化、公安、消防等政府部门的指导与监管，积极争取这些部门的支持、协助、定期检查及有效监督，确保社区体育活动合法合规、安全有序地进行。特别值得注意的是，对于非法侵占、擅自挪用或破坏体育场地与设施的行为，相关部门应果断采取措施，责令责任方在限定期限内完成整改。对于拒不执行整改要求的违法者，应依法依规进行严肃处理，以儆效尤，维护公共体育资源的完整性和公共利益不受侵害。通过法律手段和行政干预，不仅能有效震慑潜在的违规行为，还能促进社区体育设施的长期维护与合理利用，保障广大居民的合法权益，营造一个更加安全、和谐的体育锻炼环境。

## 七、社区、学校体育场地设施资源的整合与利用

### （一）制约我国城市社区与学校体育设施共享的原因

限制社区与学校体育资源共享的因素从表面上看有很多，但是根本原因有以下几种。

1. 体育公共资源既紧缺又闲置

社区体育资源和学校体育资源都属于公共资源，但它们的管理主体不同，分别为主管学校的教育部门和主管社区的体育部门。社区体育的场地设施在室内外分布上呈现出显著的不平衡，室外场地占据主导地位，而室内设施则相对匮乏，长期面临着人均场地资源紧张的问题。与之形成对比的是，学校体育设施通常围绕教学需求设计，因而获得了较为充裕的资金投入，种类齐全，设施完善。不过，受制于学校特有的作息规律，在非教学时段，尤其是寒暑假及周末等假期，学校体育设施的闲置现象颇为突出。面对这一现状，一方面，社区居民的体育锻炼需求日益增长，却苦于健身场地的严重短缺；另一方面，学校体育设施在非教学时段的利用率亟待提升。这凸显了优化资源分配，实现资源共享的迫切性。

2. 管理难度大

由于社区和学校体育资源管理主体的不同，服务属性和监管方式也不同。社区体育以居民自愿参加为原则，活动时间和方式很难确定，而学校体育有严格的教学时间和计划，教学环境比较封闭，导致其体育资源共享

变得十分困难。政府作为管理主体,在明确社区和学校各方的责任和义务的同时,要确定由哪一方进行场地设施管理,建立沟通渠道,解决我国社区体育资源不足的现状以满足社区居民不断增长的体育文化需求。

3. 资金使用效率不高

无论是社区还是学校,体育场地设施的建设和维护,都需要政府投入资金的支持,但相比场地设施的建设,维护场地的费用成为资金使用的关键所在。学校体育场地设施主要是开放的室内体育馆,维护成本包括照明、水电、物耗、管理人员报酬、设施必要的损耗和破坏导致的维修问题等,成本比较高,需要收费保证体育场馆的正常使用,如果收费过高,将阻碍一部分社区居民进入学校体育场馆进行健身。一方面,社区居民的体育消费可以解决学校体育场馆的维护成本,另一方面,学校体育场馆的对外开放,需要体育场馆的运营和维护资金,如何在两者之间找到平衡,是提高资金使用效率的关键。

4. 安全问题

学校体育场地和社区体育俱乐部在开放过程中,不可避免会发生突发事件,如学校体育场地开放后,参加锻炼的人多,进出人员冗杂,或多或少给学校安全带来隐患,并出现学生及社区居民发生意外伤害的风险。由于这些问题较难解决,场地开放后学校体育的日常教学等工作可能会受到严重影响。

(二) 推进社区、学校体育场地设施资源共享

1. 有偿和无偿相结合的方式

对社区与学校来讲,可以免费向居民和学生提供一些室外体育资源,如塑胶跑道、足球场和篮球场等。这些设施的安全保障由其所属单位(即社区或学校)负责。为了保障学校正常教学秩序的同时,最大化地利用体育设施服务于社区,学校应当合理规划,将对外开放的运动场地与教学区进行物理隔离或时间错峰,避免对日常教学活动造成干扰。对于那些免费对外开放的体育场所,其日常运营和维护成本主要依赖于政府的财政补

贴，辅以社区和学校的共同出资，确保这些公共体育资源的持续可用性。而对于像室内游泳池、健身房等需要较高维护成本的设施，则应采取收费开放的模式，通过合理的价格机制覆盖运营维护费用。在这一过程中，社区与学校需进行充分沟通与协商，学校可以自主管理这些设施，也可选择委托专业第三方公司进行运营管理，以提高服务质量和效率。同时，政府及相关部门，如税务、工商监管机构，应对收费价格进行严格审核与监督，确保收费标准的公正透明，防止过高收费损害公众利益，同时维护全民健身活动的公益性质，使其真正惠及广大民众，促进全民健康水平的提升。

2.政府、社区、学校三方合作

政府作为推动社区与学校资源共享的主导力量，应充分发挥其行政职能，促进双方的有效对接与合作。通过建立协同工作机制，明确界定社区与学校在资源共享中的权责关系，确保这一合作模式能够在政策指导、资金保障和法律法规框架内稳健运行。政府不仅要在合作初期给予必要的授权与支持，还应承担起持续监督的责任，确保资源共享机制的健康运行。为此，政府可以引入独立的第三方机构，对社区与学校之间的资源共享状况进行定期审计与评估，重点关注资金的使用效率与合规性，同时对资源共享的实际效果和环境影响进行全面评价。基于审计结果，政府及相关管理部门能够及时发现并解决问题，适时调整管理策略与合作模式，确保资源的优化配置与高效利用，促进社区与学校合作的持续深化，共同推动全民健身事业的发展，提升社会整体的健康福祉。

3.分清职责，共担风险

在利用学校体育场地设施时，结合学校体育设施开放工作的相关规章制度，学校要制订突发事件应急预案，预防并及时消除各类安全隐患，加强体育设施管理，确保锻炼人群的人身安全。社区内的工商和税务监管机构应持续监控收费体育场所的运营状况，一旦发现问题，应迅速报告并处理。此外，通过购买保险，可以有效减少健身人群面临的安全风险。

## 八、社区国民体质监测

### (一) 国民体质监测的概念

国民体质监测是指运用有关理论和专门手段,选取受试者身体形态、机能、素质和运动能力的若干指标,按规范要求进行测定,然后根据相应的数学模型,对其体质状况加以综合定量评价。为了了解我国居民的体质状况,必须建立相应的体质监测制度。我国的国民体质监测制度是在国民体质测试的基础上建立起来,并与国民体质测定制度同步实施的。

国家每5年开展一次国民体质监测工作,国民体质监测结果由国家体育行政部门会同有关部门公布。我国于2000年、2005年、2010年、2014年和2020年共进行了5次国民体质测试,获得了大量反映我国国民体质状况的基本数据。

### (二) 国民体质监测进社区的意义

1. 国民体质监测是社区居民科学、有效健身的保障

国民体质监测作为社区的"惠民"工程,关系到人民的福祉。国民体质监测为个人的体质状况提供了真实可靠的反馈信息。通过宣传科学的健身理念,推广科学的健身方法,可以促进广大市民积极参加全民健身活动,实现全民健身促健康的中国梦,推动全民健身与全民健康的深度融合。社区居民通过测试可以了解自身的体质健康水平,进而选择科学有效的健身方法来增强体质,提高健康水平,保持良好的生活方式和饮食习惯等科学健身理念。国民体质监测为社区居民科学健身提供了可靠的科学依据,增长了科学的健身知识,培养居民参与体育锻炼的兴趣和爱好并养成习惯,在社区掀起崇尚健身、追求健康文明的生活环境和良好的健身氛围。

2. 国民体质监测有利于了解国民体质和健康状况

定期进行国民体质测定和监测,有利于坚持党和国家发展体育事业的根本宗旨,体现了《中华人民共和国体育法》和《全民健身计划纲要》的

基本要求，是我国群众体育事业向着科学化方向迈进的具体体现，也是发挥体育对增强人民体质的积极作用的必然要求和有效手段。开展体质监测和测定工作，掌握基层社区人群的体质状况，能为体育部门的决策及社会其他方面的发展提供科学的依据。

(三) 国民体质监测的内容与方法

国民体质监测工作的任务是对监测对象进行体质测试；建立国民体质数据库；统计与分析监测数据；公布监测结果，为相关工作决策和研究提供服务。为此，国家专门建立了由国家体质监测中心、省（自治区、直辖市）国民体质监测中心、地（市）国民体质监测中心和监测点构成的国民体质监测网络。国民体质测试内容主要包含身体形态、身体机能和身体素质三个方面。国民体质测定标准的评价指标包括幼儿、成年人以及老年人体质测定标准。

《国民体质测定标准》中的各个单项测定采用 5 分制评分法，同一年龄阶段评分标准相同。《标准》还对各项目制订了详细的测定规则和要求。从近年来《标准》实施的情况看，它作为贯彻《全民健身计划纲要》重要的方式，对于有效地评价和提升我国民众的体质和健康水平、提高体育健身活动的科学性正在起着重要的作用，但从实施工作的全局而言，贯彻《标准》的软件和硬件条件尚需进一步改善。

## 九、社区体育档案管理

管理社区体育记录是社区体育活动的一个关键环节，对于确保社区体育管理的标准化、系统化和科学化至关重要。这些档案不仅是对社区体育活动的准确记载，也构成了国家的重要资产，因此应当被给予足够的重视。

(一) 社区体育档案类别

社区体育档案的管理应遵循内容分类的原则，构建涵盖多维度的档案体系，通过整合文字记录、实体物件、影像资料、声音文件等多种媒介形式，推动社区体育档案管理工作朝着信息化、科学化、标准化、系统化的方向迈进。这意味着不仅要收集和整理传统的纸质文档，还要充分利用数字技术，建立电子档案库，实现档案资料的数字化存储与管理，提高检索效率和信息共享能力。同时，应建立健全档案管理制度，确保档案的完整性、真实性和安全性，通过规范化的管理流程，实现档案信息的有序存储和高效利用。此外，借助先进的信息技术，如云计算、大数据分析等，可以进一步提升档案管理的智能化水平，为社区体育活动的组织、评估与研究提供更加精准的数据支持，促进社区体育事业的科学发展。

1. 组织机构类档案

该类档案包括历届社区体育的组织机构，社区体育协会负责人的基本情况、具体分工、工作职责，辖区内企事业单位的体育协会的基本情况，自发性体育组织的建设情况。

2. 规章制度类档案

该类档案主要来源于体育局、宣传部等上级部门的内部文件等。整理时，可将这些部门所签发的与体育有关的文件归为一类，如《全民健身条例》等，并在文件上注明具体信息。

3. 健康类档案

该类档案是社区居民的国民体质健康数据，为不同人群提供健康保健知识。

4. 社区体育活动档案类

活动档案包括社区体育工作计划和总结，社区体育活动记录，大型活动的文件、图片，典型活动的宣传材料等。

5. 竞赛类档案

竞赛类档案包括历年来大型运动会的具体情况，报名及参赛人数、项目、名次等记录，运动会及单项赛事的所有资料、参加各种比赛的秩序册、成绩册和奖状复印件、奖杯、锦旗等。

6. 社会体育指导员类档案

该类档案包括本社区社会体育指导员的登记、技术指导记录，优秀社会体育指导员的优秀事迹材料等。

7. 场地、器材、设备与经费类档案

档案材料包括器材的借用记录与损坏记录、经费的使用记录、场地的维修记录等。

### （二）社区体育档案管理工作的含义与基本要求

1. 社区体育档案管理工作的含义

在《城市社区档案管理办法》所定义的范围内，社区档案包括了城市社区党组织、居民委员会、社区服务机构、社区社会组织（简称"社区各类组织"）和居民在社区建设中形成的具有保存价值的各种文字、图表、声像、电子数据等不同形式和载体的历史记录。

负责管理这些社区体育档案的工作人员，需要对这些在社区体育发展中产生的有价值的文档、图示、音像材料和电子数据等进行归类、储存和利用，这一系列活动构成了社区体育档案的管理工作。

2. 社区体育档案管理工作的基本要求

（1）为了确保社区体育档案工作沿着正确的方向发展，必须在实际操作中不断完善和规范工作流程，并建立相应的管理制度。严格遵循《城市社区档案管理办法》，制订适合社区体育档案的管理策略。同时，要确保收集到的文件材料完整有序，装订得当，描述清晰准确，便于检索使用。对于声像和电子档案，需要定期检查以确保信息的可读性，并在条件允许的情况下进行数字化处理以便长期保存。此外，应利用网络技术、数据库和管理系统等现代工具提升工作效率，并定期对社区体育档案的管理情况进行审查，及时解决存在的问题，推动档案工作的稳健发展。

（2）社区体育档案管理还应关注居民的实际利益，主动搜集居民健康档案，将国民体质监测的信息纳入个人电子健康记录，并提供个性化的运动建议。同时，应留意居民关心的健康问题，并利用档案资料帮助解决问题。还需要搜集与居民利益相关的体育政策和资料，以及提供健身场所和团队的信息，满足居民的特定需求。档案的价值在于应用而非单纯的保管。

（3）社区体育档案还应体现社区的特色。根据社区的独特内容或地域特色，进行深入研究，建立具有特色的档案门类。积极搜集和归档社区特有的体育活动、重大赛事和重要事件的相关记录。

（4）在社区体育档案管理中，安全是不可或缺的考量。有条件的社区应设立专门的档案室和存储空间，配备现代化的设备，确保档案的安全。防止档案损坏、受潮、虫蚀或丢失，从而为档案的安全存放创造良好的环境。建立完善的档案收集、整理和借阅制度，通过制度化手段保障档案在管理和使用过程中的安全。

（三）建立社区体育档案的必要性

城市社区的发展直接影响着居民的生活品质，同时也是我国城市现代化进程的重要组成部分。对社区在日常运作中产生的各类文件和资料进行系统的归档管理，对推动社区的全面发展和档案体系的完善都至关重要。随着居民生活水平的不断提高，社区体育档案的管理也日益受到重视，成为社区发展中不可或缺的一环。

1. 建立社区体育档案有利于信息共享

社区体育档案记录了居民在自治过程中的各类活动，涵盖了居民生活的多个层面，构成了至关重要的民生记录。这些档案的价值体现在其对民众的实际用途上。通过建立这些档案，居民能够获取到社区体育服务的相关信息，这与他们的直接利益息息相关，并有助于引导他们形成健康的健身理念。

2. 建立社区体育档案便于积累经验，提高管理水平

随着社区规模的持续扩展和居民构成的日益多元化，居民的活动领域不断扩大，体育活动的种类也愈发丰富。在此背景下，提升居民的文明素养、维护社区的稳定与秩序、促进社区和谐变得尤为关键。对社区文化体

育活动等相关文件和资料进行及时的搜集、归档和规范化管理，不仅为社区的建设和管理留下了宝贵的历史记录，而且这些档案对于积累社区治理的经验、提供决策参考具有不可忽视的作用。它们对于社区体育组织完善自身结构、提升服务和管理能力也有着显著的价值。

（四）做好社区体育档案管理工作存在的问题与对策

社区体育作为一项较新兴起的领域，在我国的发展历史尚浅，因此相关的档案工作还不够成熟，在档案的创建和管理过程中遇到了不少问题。

1. 社区体育档案管理工作存在的问题

（1）社区体育档案管理人员不够专业。社区体育档案在社区工作中很难配备专门的工作人员，往往是一人身兼数职。档案管理人员对社区体育工作不了解，很难主动收集相关材料，档案管理的工作在众多工作中是最容易被忽视的。

（2）社区体育档案管理不规范。在对社区体育档案进行分类处理时，工作人员往往根据个人经验将文件归入大致相应的类别中。当遇到难以归类的文件时，他们会选择将其放置一旁，这种做法常常导致档案分类混乱，甚至经常出现档案遗失或被遗忘的情况。

（3）居民利用档案的意识相对薄弱。在社区体育档案的使用中，主要利用者是社区的居民。然而，从现状来看，普通居民对于利用这些档案的意识并不强烈。

2. 社区体育档案管理工作的对策

（1）加强社区体育档案管理人员的培训。配备专业的经过培训的档案管理人员从事管理工作，加强档案业务培训。建设社区数字档案室、实现网上查询则是远景目标。鼓励社区体育协会，加强社区体育档案材料的管理是优化社区体育档案管理的有效途径。

（2）提升社区体育档案管理的标准化水平。社区领导需对体育档案管理予以高度重视，并加大领导力度，构建一个完备的档案管理机构体系。定期对社区体育档案的建立和状况进行检查，并对发现的管理问题迅速采取有效措施进行纠正，以推动档案管理向规范化方向发展。此外，应设立考评机制，明确档案工作人员的职责与任务，提升他们的档案管理意识，确保归档材料的有效搜集与整理，进而促进档案管理工作的规范化。

（3）加强宣传教育服务，增强社区居民使用档案的意识。利用公告栏、横幅、知识竞赛、发放宣传资料等多种方式来普及档案相关的法律法规，宣扬档案在社区发展中的作用以及档案管理与居民日常生活的紧密联系。鼓励居民贡献体育活动相关的宣传资料。同时，对于居民如何利用档案也应制订相关规定和说明，通过引导和宣传，增强居民使用档案的意识，最大限度地发挥社区档案的价值。

# 第六章 社区体育组织与场地设施

## 第一节 社区体育组织

### 一、社区体育组织的基本理论

社区体育组织代表着群众体育组织的新兴形态。当前，众多自发形成的体育团体尽管活动频繁、氛围积极，却面临着组织化程度不高、缺乏社区支持以及无法有效使用社区资源的挑战，导致它们往往处于一种自我维持的状态，伴随着不稳定性和发展无序的问题。鉴于此，对这一现象进行深入研究显得尤为重要。

1. 社区体育组织的含义

(1) 静态角度解读。若从组织架构的层面审视，这一概念指的是在缺乏正式制度或预先规划的前提下，组织内部成员自然而然地构建起的一种活动交互模式。典型例子可见于社区环境中，居民们基于对健身、娱乐、休闲或社交的共同追求，自然而然地集结在一起，形成了非正式的体育活动团体。这些团体往往源于成员间共同的兴趣爱好或需求，无须官方组织或指导，便能自发运转，展现出强大的生命力与凝聚力，成为社区体育文化的重要组成部分。

(2) 动态视角解析。当我们从组织内部活动机能的角度进行考察时，这一概念涵盖了一系列系统性的规划与部署活动，包括但不限于组织架构的设计、成员职责的划分、工作流程的优化、工作方法的创新以及规章制度的制定等关键环节。这意味着在动态层面，组织不仅仅是一个静态的实体，而是通过持续的自我调整与优化，实现高效运作与目标达成的过程。

（3）生态学视角解读。从组织演进与革新的维度观察，组织被视为一个持续进化的生命体，其生存与发展深深植根于复杂的外部社会生态系统之中。这一生态系统不仅对组织施加着影响与约束，还为其提供了成长的土壤与机遇。国家政策的导向，作为这一生态系统中的关键变量，对组织的形态与发展方向有着深远的影响，促使组织根据政策导向做出相应的调整与变革。

（4）心态含义。从组织心理发展的角度来看，心态含义体现在组织成员对体育价值的共享认知、思想互动与情感纽带的构建上，这些元素协同作用，形成了一个集体认同感。正是基于这份共通的兴趣、情感与需求，社区体育组织得以持续存在并蓬勃发展。

2. 社区体育组织的类型

目前，我国的社区体育组织大致可以划分为两类：自主松散型与行政主导型。自主松散型，又被称为自发性社区体育组织，是由社区居民自主发起成立的，包括但不限于体育活动站点、指导中心、社区专项（人群）体育协会等。这类组织通常以早晚锻炼为主要活动内容，其特征在于结构较为简单、规章制度较少、权力相对集中且内部职责划分简单。行政主导型社区体育组织，亦称正式社区体育组织，通常依托政府机构或企事业单位建立，组织架构更为严密。其中，街道社区体育协会是最常见的形式，由街道办事处、下属单位以及居民委员会联合组建，体现了较高的组织性和规范性。

社区体育组织可以按性质分为活动型、中心型、社团型和管理型。活动型包括体育锻炼小组、运动队、健身活动点等；中心型包括体育技术辅导站、文体活动站、老年之家、青年之家、体育俱乐部等；社团型包括不同项目的体育协会、不同行业部门的体育协会、不同人群的体育协会、地区性体育协会、单位联合体协等；管理型包括单位体育协会、社会体育指导中心、指导站等。

3. 社区体育组织的特点

体育活动不仅是社区体育的核心所在，也是其最终目标，它是社区体育组织追求的直接目的。作为一种新兴的体育模式，社区体育组织不仅具备社会体育的普遍特征，如多样性、模糊性、复杂性和社会性，还有其独特的特点，主要包括以下几点。

(1) 地域性。社区体育组织基于"社区"这一地理概念进行界定。其人员构成、场地设施、管理指导以及资金筹集等都在社区范围内进行，超出这个范围，就不再属于社区体育的范畴。

(2) 民间性。许多社区体育组织具有明显的民间特色，这影响了它们的发展模式。这些组织通常是自发形成的，依靠共同的兴趣、情感和需求来维系，没有明确的权利和义务划分。它们自筹资金、自我管理、自愿参与，显示出强烈的民间组织特性。

(3) 平等性。在社区体育组织内，领导者与参与者间的关系呈现出一种平等和谐的状态。他们的身份并非固定不变，而是依据个人技能的高低灵活转换，往往技能出众者会自然而然地成为引领者，对组织产生较强的凝聚力。这些个体不仅积极参与体育锻炼，同时肩负着教练和指导者的双重角色，既是运动的实践者，也是技术的传授者。

(4) 可变性。鉴于社区体育组织成员的职业背景、社会地位及文化层次存在显著差异，加上人员流动频繁和社会关系网络错综复杂，这类组织对外部社会环境的变化尤为敏感。这可能会引发组织架构与集体意识的深刻变动，甚至出现不稳定的情况。

(5) 公益性。社区体育组织开展的活动，一方面充分利用了社区内的公共资源，诸如绿地、楼宇间的空地、公园及广场等公共空间，彰显了活动场地的公共属性及服务大众的公益特性；另一方面，社区体育的意义远不止于个人层面的锻炼，它是一项惠及国家与民众的公共福祉事业，体现了社会性的价值。

## 二、社区体育俱乐部

社区体育健身俱乐部因其地理位置优越、便捷性高等特点,正吸引着日益增多的参与者,逐渐成为我国大众体育的核心组织方式。

### (一) 社区体育俱乐部的发展特征

#### 1. 服务性

在政府行政职能与社区体育俱乐部发展的互动中,体育健康服务供给被视为最具可行性的融合点。社区体育俱乐部秉持社会公益宗旨,致力于为社区居民提供体育相关服务,这一定位使其能够依据政府针对非营利组织的政策与法规,获取法人资格并吸引更多的社会资源。政府通过推行激励社会公益行为的政策措施,不仅推动了社会文化水平的提高,还促进了社会整体进步。具体而言:①政府高度重视社区体育服务在社区体育事业发展中的核心地位,视之为社区体育体系建设的基石。②政府意识到,包括社区体育服务在内的社区服务,是构建现代社会保障体系的关键一环,也是社会福利事业在转型时期探索新型发展模式的有效路径。③社区体育俱乐部以社会公益为出发点,为居民提供健身服务,切实回应了社区体育需求。④政府有关社区服务与非营利组织发展的政策与法规,为社区体育俱乐部的成长壮大提供了坚实的制度保障和法律支撑。

#### 2. 非营利性

体育健身服务的非营利属性为社区体育俱乐部开辟了获取非营利法人地位的道路,促使这些原本非正式的团体转型为合法注册的实体,其行为模式也从自发性转向了有意识的自我管理。体育健身服务活动的非营利特性不仅彰显了社会公益的核心价值,还孕育了一种创新的运营方式和发展潜力。除了摒弃营利目标之外,非营利组织同样注重服务质量和效率的提升,其运作方式在某种程度上与企业满足市场需求的行为相似,展现出一定的商业特征。政府借助一系列政策法规,对民间组织的行为加以规范,引导并推动非营利组织的持续健康发展。社区体育俱乐部要实现自身发展，其内在驱动力需植根于政府对非营利组织的政策法规框架之中。政府行政职能与社区体育俱乐部发展之间的互动机制，具体表现为政府实施关于非营利组织的政策法规，以及非营利组织依据这些规定主动行使自身权利的过程。

3.结合性

社区体育俱乐部所提供的体育健身服务，是社区服务体系中不可或缺的一环，归类于便民利民服务中的文化体育服务板块。在政府的扶持与倡导下，社区体育管理机构，例如街道体育协会，扮演着业务指导的角色，而具体的实施工作则由社区体育俱乐部承担。通过组织各类体育比赛、提供运动场地及项目、指导科学锻炼、开展体质检测与评价等多样化服务，社区体育俱乐部有效满足了居民对健康生活、休闲娱乐与社交互动的多重需求。在提供服务的过程中，俱乐部严格遵守相关法律法规、服务准则以及设施建设和配套标准，这些构成了体育健身服务的关键要素。社区体育俱乐部可参照其他社区服务领域的公益理念、产业特色及其相互关联性，以此优化自身的服务模式。将社区体育俱乐部的服务融入整个社区服务体系，不仅有利于提升其服务质量，还能推动其长期稳定发展。

(二) 创建社区体育健身俱乐部要突破的难点

首要之务是构建一个高效能的组织管理体系，以保障社区体育健身俱乐部顺利转型为具备独立运营能力和自我维持功能的实体性社区体育组织。

接下来，应当构建多样化的资金来源体系。在社区体育健身俱乐部成立初期，应积极争取来自国家、省级与市级体育管理部门以及上级单位的财政资助，确保必要的启动资金充足。在日常运营阶段，应采取多种途径筹集资金：首先，可借助政府的统筹规划，建设规模较大的体育健身基础设施；其次，鼓励社会各界力量的资本注入；最后，倡导个人健身消费，激发社区居民参与体育活动的热情，从而达到既利于国家、利于民众，也利于个人健康的多重目标。

最终，需确保拥有充足的参与者及稳定的会员费收入。社区体育健身俱乐部的持续繁荣，根本在于汇聚足够数量的参与者并确保会员缴费的稳定性。考虑到当前我国大众体育普及度不高，社区居民的体育观念存在较大差异，为了推动社区体育健身俱乐部的长远发展，有必要借助各类媒体平台，采用丰富多样的宣传手段，持续深入地普及体育知识，特别是利用每年举办的各类大型群众性体育健身活动，强化全民健身理念与规则的宣传教育，营造浓厚的全民健身文化氛围。通过广泛传播，增进社区居民对全民健身活动的认识与支持，激发他们参与体育锻炼的积极性，进而吸引更多的组织与个人投身于全民健身事业，形成良性循环。

### （三）以科学发展观指导社区体育健身俱乐部建设

#### 1. 坚持以社区居民为本

目前，我国多数体育健身俱乐部侧重于追求经济利益，将营利视为主要经营导向。与此不同，国家体育总局所提倡的社区体育俱乐部，则以推动全民体育事业的纵深拓展为核心使命，着重于满足社区居民日益增长的健身需求，其本质追求在于创造社会价值。因此，社区体育俱乐部应坚持以服务社区居民为中心，倾听、理解并关注他们的实际需求，致力于提升居民的身体健康状况和促进其综合素质的全面提升。将社区居民的福祉置于至高无上的位置，乃是社区体育健身俱乐部建设的基本准则与终极追求。

#### 2. 树立"三个意识"，打造品牌形象

首先，需强化品牌建设意识。遵照国家体育总局在《社区体育健身俱乐部试点工作方案》中的具体指示，所有获批的社区体育健身俱乐部须统一悬挂"社区体育健身俱乐部—中国体育彩票资助"的牌匾。为打造独特品牌，俱乐部应致力于提供种类繁多的活动项目、内容丰富且充满趣味的活动安排、新颖多样的活动形式，以及热情细致的服务体验，以此塑造俱乐部的品牌形象。其次，应培养服务至上理念。俱乐部运营需始终坚持以人为本、公益优先的宗旨，通过提供卓越的服务品质和个性化特色，为会

员答疑解惑，提供专业的健康与塑形建议，进而提升俱乐部知名度，展现其独特魅力。最后，要树立创新引领思维。创新是推动健身俱乐部持续发展的关键引擎，面对社区居民日益增长的健身需求，俱乐部应在经营理念、活动设计和服务模式上勇于创新。

3. 最大限度地开展多种经营，摆正社会效益与经济效益的关系

在致力于实现社会价值最大化的同时，社区体育健身俱乐部亦不可忽视经济效益的考量，否则其长期运营将面临挑战。俱乐部应巧妙利用有限的空间资源，提供优质服务以获取可观的经济收益，同时确立清晰的经营战略。通过逐步拓展服务项目和优化经营策略，俱乐部能够更好地迎合社区居民的体育健身需求。具体而言，俱乐部可推行会员制度，按家庭单位收取会费；策划短期体育旅游活动；此外，还可定期在户外组织家庭趣味游戏或竞赛，激发社区居民的参与热情。值得一提的是，俱乐部应充分挖掘企业赞助的潜力。传统的商业广告多聚焦于媒体投放，体育赞助亦侧重于大型竞技赛事，社区体育活动却较少得到此类支持。这主要归咎于社区体育活动规模有限，缺乏专业化的市场推广。然而，随着社区体育活动的迅猛发展，尤其是跨社区、跨地区赛事的日益增多，其商业价值正逐渐显现，有望吸引更多赞助商的关注与投资。

## 第二节 社区体育的场地设施

### 一、社区体育场地设施的发展

社区体育场地设施是在政府的资助与指导下，在社区内构建的一系列运动设备与场所，其目的是适应社区居民多元化的体育活动需求。这些设施源于人类有意识的、富有创造性的劳动成果，鲜明地体现了社会性特征。

## (一) 社区体育场地设施的特点

### 1. 服务的公共性和社会性

社区内的公共体育场地设施并非为某一特定单位、企业或居民家庭独家定制,而是向广大企事业单位及居民全面开放,允许各方共享。这意味着任何单一用户都无法独占这些设施,且一个用户的使用并不会妨碍或排挤其他用户的权益。同时,将任意一位潜在用户排除在外几乎是不可能的。这一特性决定了社区体育场地设施的显著公共属性和社会共享性质。

### 2. 效益的间接性和综合性

社区体育场地设施本身并不直接创造经济价值,其主要功能是为社区居民提供健身的场地与器材,促进他们的身体健康与心理健康,进而提升工作效率,增加对社会的贡献。因此,其经济效益是间接体现的。与此同时,社区体育场地设施不仅具备经济效益,更兼具显著的社会效益,呈现出复合型的特性。

### 3. 系统性

社区体育场地设施构成一个多元、综合且有机统一的体系。各类体育设施既保持着相对独立性,又在功能上相互联动、相辅相成;在共同发挥整体效能时,这些设施彼此交织、协同作业。多种锻炼模式与运动器材需相互协调、配合默契,共同编织出一套全面的健身网络,旨在为社会生产与居民日常生活营造优质的体育锻炼条件。

### 4. 建设的超前性和形成的同步性

随着知识经济和信息社会的兴起,整个社会的文明程度和生活观念得到了提升。随着《全民健身计划纲要》的推进和体育人口的增加,人们对住宅区体育设施的需求日益增长。因此,社区体育设施的建设必须与社区发展保持同步,以满足社区居民的体育健身需求。

## (二) 社区体育场地设施的可持续发展

### 1. 建立和完善法律保障体系

在当前阶段,我国针对社区体育设施及其用地的相关法律法规存在一些不足之处，为了确保社区体育设施能够持续发展，需要强化法律框架。此外，加大新闻和媒体对社区体育设施建设的监察力度也至关重要，这有助于推动社区体育设施管理和运营过程的透明化，保障这些设施能够得到妥善维护并有效运作。

2. 建立指标体系与补偿机制

为了确保社区体育设施的持续发展，非常关键的一步是设立评估其发展水平的指标系统以及建立促进公平的补偿机制。一个全面的指标体系不仅要能够展示城市社区体育设施的整体进展，还要能体现社区体育资源的现状和利用情况，同时也需要显示社区体育环境与整体社区进步之间的匹配程度。

3. 加强管理，力争投入与产出的最优化

在当今以知识为基础的经济时代，管理能力已经成为至关重要的"首要整合力量"。要打造一个优质的城市社区体育健身氛围，关键在于有一个高效的体育健身环境管理体系作为支撑。管理的终极目标在于通过资源的有效分配来优化成本与效益比，体育环境管理亦是如此。强化对体育环境的整体和细节管理是提升管理质量的重要途径。

## 二、社区体育场地设施的规划设计

随着对体育设施的安全性、环保性和功能性要求的日益增长，这些需求已经成为建设、生产和使用部门的重点关注对象，尤其对于居住社区的居民来说更是如此。然而，我国目前还没有形成一套完整的居住社区体育设施标准体系，这一缺失严重制约了公众健身运动的进步。社区体育设施是国家体育基础设施的重要组成部分，其建设质量直接影响着居民体育娱乐活动的质量。

（一）社区体育场地设施规模的控制

1. 国外城市社区体育健身设施的配备

在发达国家，社区体育设施的规划与建设被赋予极高优先级，这些国家尤其注重提升社区的健康促进与休闲娱乐功能。在规划阶段，它们会制订体育设施的最低配置标准，并借助法律手段确保这些标准得到有效执行和落实。以美国为例，几乎所有社区都配备了专属的社区体育中心，这些中心普遍包含室内外运动设施。室内部分通常配备多功能运动场馆、健身区、游泳池等，适于开展乒乓球、羽毛球、游泳、舞蹈以及电子游戏和各类健身活动。至于户外设施，则覆盖了高尔夫球场、网球场、游泳池、垂钓区和露营基地等，同样适宜进行骑马、滑翔伞、遥控飞机等运动项目。

2. 我国城市社区体育场地设施的规模控制

我国城市居住区的规划结构常被细分为三个级别：居住区级、居住小区级和居住组团级。同样地，社区体育场地设施的规划和设计也应按照这三个级别来进行。在进行规划和设计时，重点在于契合社区居民的体育活动基本需求，同时要充分考量我国的现实国情，强调土地使用的集约化与节约化，防止因过度追求高端配置而导致资源的不合理消耗。

（二）社区体育场地设施的设计原则

在体育设施的规划与建设过程中，应当采用符合本国国情、发展水平及本土文化特色的先进社区体育设施规划理念。

1. 围绕社区形象建设的原则

社区形象是社区直观元素外观特征的总和，以及由特定地理条件和历史文化积淀共同塑造的社区内在特质的外在体现。在规划与设计体育设施时，应细致调研社区居民的体育活动习惯和需求，同时评估现有体育设施情况及市场现状。此外，需深刻领悟社区的社会文化特质与景观风格，挖掘并提炼社区特有的优质传统元素，打造出既富地方特色、民族气息又体现时代精神的体育建筑象征。这不仅能确保新建体育设施与社区整体风貌和谐一致，还能维系社区历史文化的传承，增强居民对社区的情感纽带和归属意识。

2. 点、线、面结合的原则

将居住组团内的简易健身点及其设施视作基础单元，将串联各组团的道路及绿地系统中的健身区域和设施作为连通轴,将居住区中心绿地系统、活动广场及其设施作为覆盖全局的平台。通过基础单元、连通轴与全局平台的有机融合,构建出一个立体的居住区健身网络体系。这种布局设计旨在从不同维度和层面激发居民的体育锻炼积极性,确保居住区内全民健身活动的持续性与全面性,形成一个多层次、全方位的体育健身生态圈。

3. 重点突出的原则

在规划社区健身环境时,不应将所有元素同等对待,而应分清主次,凸显重点。应将重心放在社区中心的活动场地与设施上,同时将组团间及内部的活动空间作为辅助;优先关注儿童、青少年及老年人的健身需求,同时兼顾中青年群体的健身活动。无论是重点还是辅助元素,都需进行精心规划与设计。这种策略不仅便于管理,提高场地与设施的使用效率,而且集中布置的健身区域有利于增进居民间的互动与交流,自然而然地提升社区的凝聚力与向心力,营造出更加和谐的社区氛围。

4. 注意选址的"可见性"和"可步入性"

社区运动场所的规划需参照公共设施覆盖范围的规定。具体来说,居住区级的运动设施应设置在离居民住所800到1 000米的区域内,保证居民能够在10到15分钟内步行抵达。居住小区级的设施应设在距离住宅400到500米的范围内,居民步行6到8分钟即可使用。至于居住组团级的设施,则应布置在离住户150到200米的范围内,只需步行2到3分钟就能到达。这些体育设施应设置在显眼位置,比如临近主干道或是从小区正门进入后一眼可见的地方,这样既能满足本区居民的需求,又能吸引周围小区的居民。同时,为了便于商业运作,周边还应配备一定数量的停车空间。但需注意的是,设施的主要出入口不应直接面对车流密集的路口。

5. 综合设计的原则

在快速推进的城市化背景下,城市土地资源的稀缺性日益凸显。因此,在规划社区健身空间时,需要采取一种集成化的设计策略,将体育设施无缝融入其他社区功能之中,以此提升资源的利用率。这种策略要求充分利用现有资源，例如学校操场等，因为它们在非教学时间内可以对外开放，满足居民的锻炼需求，而不干扰正常的教育活动。设计过程中还需兼顾学校与居民的便利性和管理需求。此外，体育设施的设计应与住宅区、绿地、步行道及公共空间等社区元素和谐共生。

（三）社区体育设施的选址与布局

1. 新开发的居住社区的体育设施

在规划新兴居住社区的体育建筑时，设计师拥有很大程度的自由度。他们可以借鉴国内外关于体育设施规模的标准，并结合社区的独特条件，创造出既多样化又相互补充的设施布局。在进行社区体育设施的设计时，应该深入理解并反映本社区的文化特色和实际需求，精心规划包括绿地、照明设施、儿童游乐场所、老年人活动区域等在内的多种社区环境要素。这样的设计不仅能满足不同居民群体的需求，还能增强社区的整体吸引力和宜居性。

2. 旧居民区改造中的体育设施

在我国众多城市的旧居住区中，体育设施的不足已成为一个显著的短板。这一现象部分归因于城市土地的稀缺，同时也源于早期规划中未能为社区体育设施预留足够的土地。在更新改造这些老旧居民区的过程中，我们不仅要善于利用路边的闲置地块和废弃建筑物，更应该着眼于立体空间的开发潜力，比如建筑物的顶层和地下区域。这些空间在老城区以及高密度住宅区的建设中尤为关键，它们的有效利用将为居民带来更多的体育活动空间。

3. 体育设施的布局要分层次

社区体育设施的规划可以细分为三个核心层级，旨在满足不同年龄段居民的需求：首先，针对中年和青少年群体，可以建立社区体育俱乐部和健身园区；其次，为满足老年人的特殊需求，应设有专为老年人设计的休闲活动场所；最后，为儿童提供简单的户外活动空间。通过这种分层设计，社区能够构建起一个全面的体育设施体系，并结合地方特色，创建兼具文化氛围和景观美感的健身苑和体育公园。这些设施最终将整合进更大范围的市级体育网络中，形成区级乃至市级的体育健身中心。

## 三、全民健身路径

全民健身路径（以下简称"健身路径"）是近年来在我国流行起来的一种新型健身设施及其配套的锻炼方式，它是推动全民健身计划的关键组成部分。然而，由于健身路径是一个新兴概念，其在设备配置、规划设计、管理运营和指导服务等方面仍然面临着众多挑战。这些问题一直是我们关注的焦点，并且迫切需要得到解决。

### （一）健身路径建设的形式

健身路径的资金来源多样化，根据归属和管理方式，主要有三种建设模式。首先是使用体育彩票公益金的方式，将彩票收益中的公益金作为回馈社会和奖励的形式，支持市、县（区）级群众性体育设施的建设和活动开展。其次是结合体育彩票公益金和企业事业单位捐赠的方法，由上级部门提供资金，使用单位负责实施，按照统一规划和分批执行的策略共同建设，这也是公共体育设施建设的常见方式。最后是企事业单位及房地产开发商通过自筹资金来建设健身路径。随着居民生活水平的提升，对高品质生活的追求也日益增长。许多单位开始重视员工的健康，一些房产开发商为了吸引购房者并提升住宅区的环境质量，也开始在小区内安装健身路径，以满足居民对健康生活的需求。目前，我国全民健身工程的投资已经从原来主要依赖"体彩公益金"向多元化投资主体发展。

### （二）健身路径建设的规格及主要类型

与健身路径相关的体育设施并没有统一的建设标准，其规模大小也各不相同。使用体育彩票公益金建造的健身路径正在逐渐发展成为功能更加全面的健身园，其中的体育设施比较齐全，设备配置也满足了健身的实际需求。这些健身园通常配备约 30 种健身器材，包括小型篮球架、户外乒乓球台等，受赠单位通常会要求建设一条用鹅卵石铺成的步道，一些条件较好的单位还会提供用于居民进行武术、体操、舞蹈等活动的场地。而由企事业单位和房地产开发商自行投资建立的健身路径，则通常是根据具体情况将一组简易健身器械组合在一起，大多数是色彩鲜艳的钢管器械，适合不同年龄段的人使用，如老人、儿童和青壮年。调查结果显示，大多数健身器械的数量在3到10件之间，构成健身路径的主要器材包括摸高器、转体训练器、腰部伸展器、臂力训练器、太空漫步机、平行梯、双杠、秋千、跳马、多功能训练器、压腿器、太空球、肋木架等。

（三）健身路径的使用

当前的健身路径数量不断增加，质量也日益提升。通过对河南省城镇社区健身路径建设现状的调查发现，参与健身路径锻炼的人群存在显著的差异性。不同年龄段的居民在使用健身设备时表现出不同的偏好。儿童和青少年倾向于使用具有娱乐性、新颖性和一定刺激性的健身器材，而中青年对器械的使用相对较少，老年人则偏好简单易操作、有助于平衡和伸展身体的设备，对于技术和力量要求较高的器械则较少选择。此外，除了年龄差异之外，性别也是影响健身器械使用选择的一个因素。

（四）健身路径的管理与维护

为了确保健身路径能够高效利用并发挥最大效益，科学的指导和有效的管理是不可或缺的。全民健身作为一项公共利益事业，虽然一些城市已经制订了相应的管理办法，并在器材旁设置了警示牌以预防意外，指明了器材适用人群和使用注意事项。然而，对健身路径使用情况的调查结果显示，由于缺乏明确的管理部门和专门的维护资金，健身设施存在许多安全隐患。许多健身路径的设备都遭受了不同程度的损坏，包括正常使用导致的磨损、人为破坏，以及因缺乏科学指导而不当使用、不爱护甚至盗窃设备等行为造成的损害，尤其是那些位于公共开放空间的健身设备损坏更为严重。

就健身设施的维护管理而言，由住宅开发商投资建设的健身路径如果由物业管理部门负责，则管理状况较好；若无物业管理，则管理较差。其次是企事业单位和受赠社区的管理，通常由单位或社区的积极分子组成管理团队,他们主要负责向居民介绍设备的使用方法,定期检查设备损坏情况,并在发现问题时联系厂家进行维修。在体育场馆内或封闭性健身园内的健身设施由于有专人管理,维护状况较好,而位于广场、公园等开放性场所的健身路径则缺乏有效管理。

(五) 几点建议

1. 健身路径的设计与建设应遵循可持续发展的理念

设计时需满足更广泛的健身需求,功能上要更加个性化和人性化,外观上需不断更新改革,整体上要适应社区、房地产开发和园林等多方面的发展需求。

2. 加强健身路径的宣传,提高人们对科学健身的认识

通过宣传健身路径的作用、功能、锻炼方式和评价方法,提高锻炼的针对性和有效性,提升使用效果。结合体质测试和健身路径,进一步开发其健身功能,用科技手段规范和量化锻炼强度和力量,指导人们科学健身。

3. 建立和完善健身路径的管理、使用和养护制度

从健身器材的维护保养和科学健身指导两方面入手,厂家在招标和配送产品时,应配置易损件,便于管理人员自行解决故障。居委会、物业部门和受赠单位应制订相应的管理制度和措施,组织热心者对器材进行"领养式"承包,负责维护和保养,并成立管理委员会,与居民共同维护社区健身设施。探索市场化管理模式,开发广告资源,对投入建设和维护的个人或单位给予回报。

4. 健身路径的设置应与社区整体环境相协调

在配建和使用过程中,广泛调研了解群众需求,让群众在美好环境中享受体育锻炼。根据社区定位有针对性地配置器材,提高利用率,避免"一刀切"。在选址问题上,既要便民,又要不扰民,充分征求居民意见后实施安装。安装的器材要与住宅保持一定距离,一般应在10米以上,尽量避免扰民隐患。

# 第七章 社区体育工作者的培养

随着社会物质与精神文明的进步，以及人们对健康体育意识的增强，我国的健康体育运动持续强劲发展，预示着体育产业前景广阔。社区体育产业，作为体育产业中的瑰宝，随着我国社区建设的迅猛发展，逐渐展现出其迷人的魅力。尤其是我国提前步入老龄化社会，大部分独生子女无法承担赡养老人的责任，使得老年人保健问题成为社会关注的焦点。因此，如何培养社会（社区）体育指导员，成为人们关注的热点话题之一。

## 第一节 对社区体育指导人员素质的要求

当代体育的迅猛发展已经转变了人们对体育的传统看法，将健康视为参与体育活动的关键动因。在社区体育领域，这些活动直接关联到人类未来的生活质量，因此，社区体育教练应具备以下几种基础技能与素质。

（一）完整的人格和积极的心态

这不单指外貌或体态，而是指通过强健的身体展现出的积极精神状态。社区体育教练需要用正确的心态建立健康形象，展现高尚的人品和个性，这是成功的首要且关键因素。

（二）共同兴趣和相互信任

这是良好人际关系的基石。社区体育教练首先要表现出乐于助人的精神和广泛的兴趣爱好，以此快速与学员建立信任，为体育指导计划的实施和锻炼目标的达成打下基础。

（三）运动处方技能

这是社区体育人才的基本要求，也是其开展工作的关键能力。有效的运动处方不仅需要专业技能，还需要教练的热情、爱心、耐心和关怀。这里的运动处方技能包括整个实施过程中所需的所有能力。

（四）体能训练技巧

这是社区体育活动中最常要求的指导之一，也是帮助参与者建立信心和兴趣的有效方式。因此，社区体育教练除了理论知识外，还必须在实践中不断学习和总结，灵活应用体能训练原则。

（五）实践指导能力

所有的运动处方最终都需要通过实践活动来体现。虽然看似简单，但社区体育教练如果仅停留在执行层面，将无法胜任。教练必须能够制订训练计划并指导实践，才能被认为是合格。

（六）人际沟通技巧

这是社区体育教练工作的特殊要求。没有良好的沟通和信任，就无法实现预期效果。人际沟通不仅是基本技能，也是必备技术。

（七）基础医学知识

鉴于社区体育教练常服务于老年人，具备一定的医学知识是应对社会事故和紧急情况的基本保障。

（八）运动生理学知识

这是对所有体育教练的基本要求，社区体育教练也不例外。运动处方的制订、体育实践的指导以及理想的体能效果都基于运动生理学。

另外，还包括产业经营知识和综合素质。

## 第二节 高等院校社会体育人才的培养课程

在我国，社会体育作为一门不断发展与完善的学科，其重要性日益凸显。近年来，随着社会对健康生活的需求日益增长，社会体育专业的发展也迎来了新的机遇。依据教育部最新的相关文件及高等院校的实际教学情况，社会体育专业的教育目标、主干学科及主要课程得到了进一步的明确与优化。

（一）教育目标

社会体育专业的教育目标定位于培养掌握社会体育基础理论、知识和技能的专业人才。这些人才应具备在社会体育相关领域内胜任群众体育活动的策划管理、咨询指导、商业开发以及教育教学和科学研究等工作的能力。通过系统的学习和实践，他们将能够成为推动社会体育事业发展的精英人才，为促进全民健康、提高生活质量做出积极贡献。

（二）主干学科

①体育学。②社会学。③公共管理学。

（三）主要课程

①社会体育概论。②社会体育管理学。③健身概论。④中华养生学。⑤大众健身娱乐体育项目的理论与方法。

（四）主要实践性教学环节

涵盖社会调研、实地实习、毕业论文撰写等多个方面。核心的专业实践环节主要包括：社会体育活动的策划与设计、体质健康评估、体育康复技术应用。

具体而言，学生将有机会深入社会，通过调查研究了解民众的体育需求与参与现状；在实习过程中，亲身体验社会体育指导工作的各个环节，从实践中学习与成长；毕业论文则要求他们运用所学理论，对社会体育领域的某个专题进行深入探讨，展现独立思考与研究能力。

## （五）培养要求

主要致力于深入钻研社会体育学科的核心理论与基本原理，同时接受系统的专业技能培训，目标是掌握群众体育活动的高效组织与管理技巧，具备提供精准咨询服务与专业指导的能力，精通项目运营与市场开发策略，以及胜任教学工作和科研探索的多重职责。

具体而言，这意味着学生不仅要成为社会体育理论的专家，还要成为实践中的领导者。他们将学会如何设计和执行面向大众的体育活动，如何根据参与者的需求提供个性化的指导与建议，如何创新体育项目并将其成功推向市场，以及如何在教育与研究领域贡献自己的智慧。这样的教育模式旨在培养全能型的社会体育人才，既能站在理论的前沿，又能活跃在体育推广的第一线，为推动社会体育事业的全面发展贡献力量。

## （六）毕业生的知识和能力要求

①熟悉并精通社会体育领域内各学科的基础理论与核心知识。这意味着不仅要对社会体育的基本原理有深刻理解，还要对其涉及的多学科交叉知识有全面掌握，包括但不限于体育管理、运动心理学、体育经济学、体育法学等，以此构建起扎实的理论功底和宽广的知识视野。

②熟练掌握面向公众体育活动、健康促进锻炼、休闲娱乐运动以及特定人群体育需求的指导技术和方法。这意味着能够有效地教授和引导不同背景和能力水平的群体，包括但不限于老年人、儿童、残疾人等，参与到适合他们的体育活动中，以促进其身心健康和生活质量的提升。通过专业的技能，确保所有参与者都能享受到体育带来的乐趣和益处，同时保障运动的安全性和有效性。

③具备在群众体育活动中进行组织协调、专业咨询、业务拓展及教育传授等多方面的核心能力。这意味着能够有效地策划和管理各类公共体育活动，提供个性化的健身指导，开展体育项目的市场开发，并能胜任体育

教育工作。这些能力覆盖了从活动筹备到执行，从个人指导到团队管理，从市场分析到教育传播的广泛领域，旨在全方位提升公共体育服务水平，满足社会多样化的体育需求。

④熟知并掌握国家及党在体育领域内的指导方针、相关政策及法律法规。

⑤保持对国内外社会体育领域学术前沿和最新研究进展的知晓和理解。

⑥熟悉并能运用文献搜索与资料查阅的基础技巧，具备进行科学研究及处理实际问题的能力。

我国各大学的社会体育专业课程通常都是基于教育部指定的"体育学、社会学、公共管理学"三个核心学科构建，以"社会体育概论、社会体育管理学、健身概念、中华养身学、大众健身娱乐体育项目的理论与方法"五门核心课程为基石，按照公共基础课、专业基础课、专业必修课、选修必修课四个类别进行分类。社区体育指导员的选拔也部分来自高等院校的体育教育专业毕业生。

# 第三节　我国社会体育指导员技术等级制度

我国的社会体育指导员制度和评定标准由国家各级体育教育行政部门负责制定、颁布并实施。这一制度旨在规范社会体育指导员的技术等级，提升他们的专业素养和服务能力。

(一) 国家社会体育指导员技术等级制度

自 1993 年 12 月 4 日起，原国家体委通过第十九号令发布了《社会体育指导员技术等级制度》，并决定于 1994 年 6 月 10 日正式实施。随后，在 1994 年 6 月 29 日，原国家体委又下发了体群字（1994）151、152 号文件，包括"关于下发《实施〈社会体育指导员技术等级制度〉的意见》的通知"和"关于下发《社会体育指导员培训大纲》的通知"。这些文件不仅明确了我国社会体育指导员的四个技术评定等级和具体的评定工作程序，还对社会体育指导员的学习培训内容及学习时间安排等方面做出了严格具体的要求。

随着时间的推移，我国社会体育指导员制度不断得到完善。2011年10月9日，《社会体育指导员管理办法》经国家体育总局第20次局长办公会审议通过，并于11月9日起施行。这一办法进一步规范了社会体育指导员的管理和培训工作。

## （二）地方社会体育指导员技术等级标准

根据国家体育总局的相关精神，各省、自治区、直辖市的体育行政部门结合本地具体情况，相继制定并出台了国家级社会体育指导员等级评定标准。这些标准旨在更好地适应地方体育事业发展的需要，提升社会体育指导员的专业素养和服务水平。

## （三）其他相关规定

在《社会体育指导员技术等级制度》中，对各级社会体育指导员技术等级的申报程序、等级审批权限、评审机构组成、微调条件、奖惩条件、工作范围、学习和培训时间、自定教材比例、结业考核以及表彰等方面都做出了明确规定和具体要求。

其中，关于审批权限的规定如下：三级社会体育指导员由县、区体育行政部门审批；二级由地、市体育行政部门审批；一级由省、自治区、直辖市体育行政部门审批；国家级由国家体育总局审批。

此外，《社会体育指导员技术等级制度》还规定，各级社会体育指导员应依照规定从事社会体育工作，包括义务从事社会体育指导工作，开展体育技能传授、锻炼指导、组织管理以及体育表演、体育咨询的有偿服务等。在取得当地体育行政部门颁发的许可证，并经当地工商行政管理部门注册后，还可以开展经营性活动。

关于培训方式和时数的规定，各级培训中应有20%的教学时间为自定教材学习时间，自定教材的选择应具有针对性和地方（民族）体育特色。国家级社会体育指导员的集中培训不得少于 80 个学时，一级不得少于 60 个学时，二级和三级考试前组织辅导的时间不得少于 20 个学时。

在评估与毕业方面，对于国家级和一级的社会体育指导员的评价过程，采用的是结合了考察和测试的方式。考察环节可以选择完成作业或者撰写专题报告等形式，测试阶段则采用闭卷的形式进行，成绩将按照优秀、良好、合格、不合格四个等级来评定。对于二级和三级的社会体育指导员，则采用闭卷形式的考试，成绩以百分制的形式呈现。一个专题考试不及格即为培训不及格。

另外，各省、自治区、直辖市的体育行政部门在制定地方社会体育指导员技术等级评定《社会体育指导员管理办法》时，还结合本地实际情况，在《社会体育指导员技术等级制度》的基础上发展延伸出了补充条款。例如，《江苏省社会体育指导员管理办法》中对一级的评定标准就加入了特别备注："对资历较深者视具体情况掌握。"这些补充条款旨在更好地适应地方体育事业发展的需要，提升社会体育指导员的专业素养和服务水平。

## 第四节　社区体育指导员培养的几点思考

当前，社区体育指导员的培育已成为我国社区体育产业发展的一个关键问题。一方面，体育专业的高校毕业生面临就业难题，另一方面，社区急需合适的体育指导人才。在高校培养与社会需求之间存在哪些环节上的问题？针对我国社区体育指导员的培养挑战，提出以下几点建议。

（一）发挥政府行政的指导作用

利用我国当前实施的行政管理模式下的社会体育指导员分级体系的有利条件，能更高效地发挥政府在推动社区体育教练培训方面的引领角色，从而促进该培训工作的迅速发展。目前，我国的社会体育指导员培训步伐未能满足社区进步的重要需求，因此，迫切需要提高他们的专业技能水平。随着公众终身运动理念的确立和个人健康意识的提升，近年来对社会体育指导员的服务需求日益多元化。社会体育行业商业化的发展趋势使得对社会体育服务品质的要求更加严格且不断更新。提升社会体育服务质量的最佳策略是扩大社会体育指导员的队伍规模并提高他们的专业素质。行政主导的模式与我国实际情况相适应，有助于推进我国社会体育指导员制度的快速发展，这无疑是我们的一个显著优势。

### （二）完善继续培训制度

我国的社会体育事业正以前所未有的活力蓬勃发展，新运动项目、创新训练方法以及前沿体育理念层出不穷。然而，现行的社会体育指导员分级管理体系面临着一个核心挑战：在完成初始培训并取得资格后，指导员的学习之旅似乎戛然而止。遗憾的是，我们尚未构建起一套系统性的继续教育框架，专门针对已持证的社会体育指导员进行定期的知识更新与技能提升。

面对日新月异的时代潮流，如何保证这些拥有等级资格的指导员，在体育理念、理论基础、专业知识及实践技巧上，能够与时俱进，实现自我超越，已经成了一个迫在眉睫的关键议题。高等学府、各类体育协会及社会体育机构，理应担当起继续教育的重任，为指导员们搭建终身学习的平台。否则，随着新一代年轻且充满活力的指导员群体崭露头角，那些未能跟上时代步伐的前辈们，将面临被边缘化甚至淘汰的风险。

为此，我们亟须拥抱持续性人才培养的新思维，迅速建立起一套与时代脉搏同步的培训机制，确保我国社会体育事业的稳健高速前行。这不仅是对指导员个人成长的负责，更是对整个社会体育生态健康发展的承诺。唯有如此，我们才能在瞬息万变的体育世界中，保持领先优势，推动社会体育向更高层次迈进。

### （三）社会体育指导员的职业化

我国体育产业的快速进步不仅推动了职业体育的发展，也为社会体育开辟了广阔的发展领域。随着社会体育设施的日益增多,多样化的健身俱乐部、休闲体育俱乐部、体育中心以及各类体育培训班纷纷涌现。尤其是社会福利事业产业化的趋势和人口老龄化带来的"银色体育市场"已经显示出其巨大的市场潜力和积极的发展趋势。随着新闻媒体、宾馆服务、旅游观光、服装用品等众多行业的参与,我们面临的挑战不仅仅是如何提升社会体育指导员的素质和优化培养方式,更重要的是迫切需要解决一个新问题——国家各级社会体育指导员等级如何与社会体育产业发展相结合?换言之,如何解决社会体育指导员的职业化问题。部分业余指导员向专业化和职业化的转变是顺应时代发展的需求,提高社会体育指导员整体素质,塑造新的社会体育指导员形象以吸引高素质人才加入此队伍的基础保障和必然途径,同时也是社会体育产业化发展的紧迫需求。

(四) 建立与高校联合培养社会体育指导员的制度

与高等院校合作培育社会体育指导员的机制,是提升其素养和加速培养过程的一个有效策略。在 20 世纪 80 年代以前,我国高校体育专业的课程设计主要旨在培养学校教师。随着社会体育产业的兴起,虽然有些大学针对该行业的发展需求开设了相关专业,也有大学提供了社会体育相关的选修课,但这些努力仍然有限,难以满足广泛的社会需求。国家在界定社会体育指导员角色时,突出强调的"无私奉献"精神,虽彰显了崇高的职业操守,却在不经意间为高校体育专业的前景蒙上了一层阴影,进而影响到学子的职业规划决策。鉴于此,明晰社会体育指导员职业化路径,构建高校与社会无缝对接的联合培养模式,实施学分互认制度,使课堂教育紧密贴合社会实际需求,将职业成长与公益精神相融合,学校教学与体育管理机构的培训相辅相成,不仅能够加速我国社会体育指导员的人才储备,显著提升其服务质量,更能激发社会体育产业的蓬勃生机,引领该领域迈入高速增长的全新时代。

(五) 重视社会体育产业化的专题研究

需强化对社会体育指导员等级制度与社会产业发展关系的研究,以期我国的等级制度能有效促进社会体育产业的发展、加快市场开拓，并刺激国家经济繁荣。为此，应重视理论研究的引领作用，组建一个高效的社会体育研究团队，利用行政的影响力和号召力，动员所有可用的社会资源和积极因素，如高校教师、体育委员会教练、专业科研人员、有见地的退休人员以及热心体育研究的个体，共同为社会体育的进步出谋划策。构建一个高素质且动态变化的社会体育研究队伍，是确保我国社会体育发展保持领先地位的关键条件。

社区体育工作者（指导员）的培养，除了上述途径，还主要依赖于对社区体育充满热情的居民。在产业化的社区体育领域，许多指导员也可能来自职业体育俱乐部的现役运动员。因此，对社区体育指导员的培训工作必须给予高度重视，不仅要提供业务技能培训，还要进行理论知识和思想道德教育，这也是社区体育对指导员的特殊要求之一。

# 参考文献

[1] 唐忠新. 中国城市社区建设概论［M］. 天津：天津人民出版社，2000.

[2] 王凯珍，赵立. 社区体育［M］. 北京：高等教育出版社，2004.

[3] 樊炳有. 社区体育论［M］. 北京：北京体育大学出版社，2003.

[4] 任海. 国外大众体育［M］. 北京：北京体育大学出版社，2003.

[5] 张怀钊. 社区健身指导手册［M］. 北京：北京体育大学出版社，2003.

[6] 徐永祥. 社区工作［M］. 北京：高等教育出版社，2004.

[7] 徐永祥. 社区发展论［M］. 修订本. 上海：华东理工大学出版社，2021.

[8] 王凯珍. 社会转型与中国城市社区体育发展［D］. 北京体育大学，2004.

[9] 宋秀丽. 新型农村社区体育研究：以东尉社区为个案［M］. 北京：北京体育大学出版社，2011.

[10] 谢军. 社区体育工作理论与实务［M］. 北京：北京体育大学出版社，2008.

[11] 王凯珍，李相如. 社区体育指导［M］. 桂林：广西师范大学出版社，2005.

[12] 吴铭忻. 社区工作实务［M］. 南京：南京出版社，2013.

[13] 陈晓. 社区工作问题及对策初探——基于H社区实践活动的思考［D］. 华中科技大学，2012.

[14] 张瑞林. 体育管理学［M］. 北京：高等教育出版社，2020.

［15］张国华，陈雪红，彭春江. 社会体育活动方案设计与组织［M］. 北京：北京师范大学出版社，2010.

［16］王凯珍，汪流. 社区体育［M］. 2版. 北京：高等教育出版社，2018.

［17］范恺. 社区体育文化活动探析［M］. 北京：北京体育大学出版社，2018.